# Odin

# Odin

## Nordische Göttersagen

von

A. Kayser-Langerhannß

Mit 12 Illustrationen in Lichtdruck und zahlreichen Vignetten

nach

## E. Ph. Fleischer

Bechtermünz Verlag

Dieser Edition liegt die Ausgabe
des Commissions - Verlages von Friedrich Bruckmann,
München 1881, zugrunde.

Ausgabe
Weltbild Verlag GmbH, Augsburg 2000
Gesamtherstellung: Druckerei Ernst Uhl, Radolfzell
Printed in Germany
ISBN 3-8289-0175-1

# Saga

Der Griechen Götter wurden laut gepriesen,
Ägyptens Götzen grub man aus dem Staub.
Man wühlt und wühlt in Romas Marmorfließen
Um zu entringen der Vernichtung Raub,
Was tausende von Jahren eingeschachtet. –
Germanengötter blieben unbeachtet.

Vergessen und allein in kühler Grotte
Weilt Saga, von Erinnerung genährt,
Die ihr zurückruft, wie sie einst dem Gotte
In gold'ner Schale Weisheitstrank gewährt,
Und ihm erzählte von den Urweltstagen.
Vor Odin lag die Wahrheit aufgeschlagen.

Zu Sagas Füßen rauscht ein Strom vorüber,
Des' schwell'nde Flut das Schöpfungsreich durchfließt,
Der Strom der Zeit! der heller oder trüber
Doch unaufhaltsam seine Wasser gießt
In's Meer der Ewigkeit. – Den Strom begleiten
Das Weltgeschick, die Weltbegebenheiten. – –

Lang klagte Saga, doch von ihrem Throne
Erhob sie sich, seit Deutschland neu vereint.
Auf ihrem Haupt strahlt der Germanen Krone,
Klar sind die Augen, die im Schmerz geweint.
Von Neuem lasset ihre Sagen klingen,
Germanenruhm und Götterzeit besingen.

# Ginnungagab

(Weltabgrund)

Eh' der Urzeit Wasser brausten, war ein Abgrund endlos, dunkel —
Statt der luftumwallten Erde, statt des Himmels Sterngefunkel,
Statt Gebirg und Thalestiefen, die zur Herrlichkeit erkoren
Stehn im Licht, lag Ginnungagab[1], wesenleer in Schlaf verloren.
Ginnungagab, Schreckgebilde alles Seins und aller Zeiten,
Und doch sollt aus deinem Grauen Werden und Bewegung schreiten.
Lebens-Sehnsucht rang nach Ausdruck, die zuerst aus Traum erwachte,
Unbewußt, ein kleiner Funke, der des Weltalls Brand entfachte.

Langsam aus Erstarrung gleitend, schwebt als Nebel sie am Grunde,
Viel zerrissen und gestaltlos irrte sie im nächt'gen Schlunde.
Fluglahm, aus dem finstern Chaos stieg sie auf mit matten Schwingen,
Uranfang, – dem Weltenschoße Lebenswelten zu entringen.

Und der Nebel wurde dichter, sich zu kleinen Tropfen findend,
Und die Tropfen wurden Quellen, die zum Brunnen sich verbindend
Tief im Kessel rauschend strömten; und aus Hwergelmir[2] enteilten
Eliwagars[3] finstre Wogen, die nach Nord und Süd sich teilten.

Doch je weiter sie entronnen nach des Nordpols kalten Zonen,
Wo das Dunkel und das Alter schon seit Ewigkeiten thronen,
Niflheims gespalt'ne Klüfte mehr und mehr das Wasser füllte,
Drang die Flut nur langsam vorwärts, eisgefestet; sie verhüllte
Sich in Formen eigner Arten, seltsam von dem Frost gestaltet.
Und nun sausten wilde Stürme, Schnee und Ungewitter waltet,
Und es gab ein furchtbar Ringen vorweltlich erstarkter Kräfte,
Seelenlos Vereinen, Trennen künft'gen Lebens, Todessäfte.

Tief im Süden war es milder. Wunderbar, von lauen Lüften
War des Abgrunds Kluft umwoben, nicht von Farb'- und Blütendüften,
Nein, aus Muspels Feuerreiche sandte Surtur[4] gold'ne Funken,
Nebel teilend, Fluten küssend; Quell'n und Ströme wurden trunken,
Schäumten auf, wo sie die Loh' streift. Brodel stieg aus Wasserkesseln,
Siedend wallten auf die Wellen, sich als Dämpfe zu entfesseln.
Plötzlich taucht aus der Vermählung ein Geschöpf, ein Urwelt-wildes,
Riese Ymir[5], ein Hrimthurse, in Gestalt des Menschenbildes.

Einsam schwankt' er durch die Räume, fast bewußtlos durch die Weite;
Pfadlos lag sie, und es huschten nirgends Schatten ihm zur Seite.
Nur das Ohr begann zu leben, horchte auf der Ströme Fluten,
Und die Augen sah'n erlöschen auf dem Eis der Funken Gluten.
Endlos öde, grause Leere. – Ymir, in den Finsternissen
Selbst ein elend Ungeheuer, aus dem Nichts in's Sein gerissen,
Hegt, begabt mit dunkler Ahnung, im Gehirn nur blödes Denken,
Hungrig tastet er nach Nahrung, nicht geführt vom Geisteslenken.

Taumelnd nur im wirren Halbschlaf, von Empfinden irr geleitet,
Wassertriefend, sturmgepeitschet, nicht zum Widerstand bereitet,
Selbst Verlangen noch gefesselt, Untertan der Sinnen-Meute,
Wild empört, nicht Fluches fähig, stummer Wut ergriffne Beute,
Also wankte, ungeartet, nicht zu höh'rem Sein erlesen,
Leib und Seele mißgestaltet, Ginnungagabs erstes Wesen. –
Roher Urzeit Ausgestoßner[6], dessen Blut ein Giftstrom rötet,
Lebend leblos, weil vom Anfang schon der Geist in ihm verödet.

E. Ph. Fleischer pinx. Fr. Bruckmann rep.

# Ginnungagab

Doch im Ohr verstärkt' sich Tönen, und die Sehkraft ward vermehret,
Mächt'ge Blöcke hört' er krachen, deren Eis die Glut verzehret.
Und es drangen Strahlenflammen aus der Nachtwelt hohlen Gründen. –
Wo sonst Todesruh und Schweigen trostlos wohnten in den Schlünden,
Rauscht' und schallt' es, Felsen barsten, klare Tropfen perlten feuchtend
Langsam nieder in die Spalten, selbst wie Feuerfunken leuchtend.
Mächt'gen Urseins wachsend Keimen schuf Audhumbla[7], um dem Leben
Das in Hungers Kämpfen lechzte, karge Sättigung zu geben.

Und die Kuh, die hochgeweihte, strömte ihres Reichtums Segen
Hin nach Osten, Westen, Süden, ja dem Norden selbst entgegen,
Sandte aus die weißen Fluten, und es trieben kleine Moose
Aus dem milchgetränkten Boden, farblos, ärmlich, düftelose;
Doch sie welkten, eh' sie blühten. Und Audhumbla sog nun Speise,
Nahrung gebend, Dasein ringend, aus dem salzgewürzten Eise.
Lebensspend'rin grauser Öden! Aus der Einsamkeit geboren,
War sie doch zu folgenreichem, mächt'gen Wirken auserkoren.

Aus dem mächtigen Geschiebe frostvereister, kahler Fläche,
Lockt sie, zähem Triebe folgend, Lebens Säfte, Lebens Bäche.
Menschenhaar, wie Urwelts Flechte[8], quoll, wo sich das Eis gespaltet,
Bis ein Haupt voll hehrer Schönheit, bis ein Mannesleib gestaltet.
Buri[9] war des Hohen Name, dessen Geist sich äußernd regte,
Dem Gedanken und Gefühle Urzeit in die Seele legte.
Und als Ymir ihm begegnet, fuhr ihm schwertgleich durch die Sinne
Neidgedanke, erster Zweifel, was er mit dem Feind beginne?

Doch zu machtlos und zu blöde, sann er heimlich nur auf Tücken,
Den Erstandnen, Wundervollen, zu gefährden, zu berücken;
Denn schon seit Beginn des Weltalls wird das Gute von dem Bösen
Stets bedroht und selten glückt es sich vom Unheil zu erlösen.
Selbstsucht, aller Triebe schlimmster, klammert sich um feige Herzen,
Segen schnell in Fluch verwandelnd, Freude tötend unter Schmerzen.
Und der Riese, trotz der Plumpheit, furchtsam, schuf sich Töchter, Söhne[10],
Deren Herz, wie sein's vergiftet, haßte alles Gute, Schöne.

Aber herrlicher gestaltet, nachgeformt dem eignen Bilde,
Trat durch Buris Kraft in's Leben, geistbegabt, die Seele milde,
Bör, der Götter Erstgeschaffner, und durch seinen Busen zogen
Zündend, wie des Glutreichs Flammen, tief wie Urgrunds Wasserwogen,

Unbekannt und doch verstanden, heiß bewegte Liebestöne. –
Er umwarb im Sehnsuchtdrange eine junge Riesen-Schöne,
Tochter Bölthorns[11], der im Innern rauher Berge trotzig thronte,
Feind den machtbegabten Göttern, die sein Ingrimm nie verschonte.

Bestla[12], scheu, voll Leidenschaften, die den Riesen eingeboren,
Floh den Freier, sucht ihn wieder, hat ihn spottend doch erkoren.
Wild war erstes Liebeswerben, noch von Angst und Haß verbittert,
Freudelos, der Weihe mangelnd, im Ergeben roh durchzittert;
Aber, als das Weib errungen, wuchsen ihrer Seele Wonnen – –
Denn sie ward getränkt mit Fluten aus des Werdens reichsten Bronnen,
Ja aus Quellen künft'gen Lebens, die aus Hwergelmir sich füllten,
Die der Erde und des Himmels wachsend Wesen frei enthüllten.

Mächtig zog's wie Schaffens Regen durch des Abgrunds finstre Räume,
Und es tanzten auf den Wassern weiße, zarte Wellenschäume,
Und es blinkten gold'ne Funken, die sich leuchtend niederließen
Auf den glitzernd wundervollen, spiegelklaren Eises-Fließen.
Und es sprüht von scharfen Kanten und von Nadel-gleichen Spitzen,
In die nachtgewohnten Schlünde wie von tausend Wurfgeer[13]-Blitzen.
Ginnungagab strahlt im Glanze! Gähnend, klaffend, All-umschlingend –
Kämpfer nun im Kampf des Werdens, unbewußt um Schönheit ringend.

Langsam wallten durch den Nebel, unhörbar und leichten Ganges,
Hohe Frauen, schlank an Gliedern. Weich umhüllt ihr Haar, ihr langes
Die Gestalten. Ihre Hände hielten sich im festen Bunde.
Angehaucht vom Schöpfungs-Atem, hatten sie von Allem Kunde
Was vergangen, gegenwärtig und in Zukunft wird geschehen. –
Niflheims[14] erhellter Dunstkreis ließ die Dreizahl[15] klar ersehen,
Daß aus rohen Schreckgewalten in dem Weihe-Augenblicke
Los sich lösten neue Mächte, – Eines Götterreichs Geschicke. – –

Weiter schwebten sie, nicht sprechend, traten leis an Bostlos Lager,
Ihre Hände schützend breitend. – Urd, Werdandi, ernste Frager. –
Skuld, die Blicke vorwärts richtend, lächelt heiter, bald verdeckte
Sie das Antlitz und erbebte. Wenn die Zeit, die sie erschreckte,
Einst herannaht wucht'gen Schrittes, zog ein Schicksal voll Verderbe
Über Alles was geschaffen. Und des Unheils finstres Werben
Trug die Schuld in's Götterleben. – Zur Unsterblichkeit geboren,
Ging durch Schuld den hohen Göttern die Unsterblichkeit verloren.

Skuld, in ahnungsvollen Schauern ließ vom Haupthaar sich umbreiten,
Niemals durfte sonnig Lächeln über's bleiche Antlitz gleiten.
Immer schritt vor ihrer Seele was die Zukunft reifen sollte. –
Ihren Lauf konnt' sie nicht hemmen, ob ihr Geist auch finster grollte.
Orlogschluß[16] war unabwendbar, und die Seherin erkannte
Daß, was glücklich ward begonnen, doch zuletzt sich traurig wandte.
Urd, Werdandi traf so drohend nicht des Schicksals ernstes Walten.
Furchtbar ist's, fürwahr, zu schauen künft'ger Zeiten Nachtgestalten! –

Überall, im weiten Luftkreis, tönte laut und lauter Rauschen,
Immer lichter ward's im Innern, und die ernsten Nornen lauschen
Wie ein Ruf, ein nie gehörter, in des Abgrunds Tiefen sauste,
Ein Gewirr von Lust und Jammer durch des Weltalls Leere brauste.
Lebenskraft war frei geworden; nicht an Tierheit mehr gebunden,
Hat in herrlichen Gestalten höchste Bildnerkraft gefunden. –
Allmachtwissen schwang in's Dunkel seine lichtumfloss'nen Fahnen;
Odin[17], Wili, Wo, die Hehren, traten in die Götter-Bahnen.

# Sinflut[18] und Erschaffung der Welt

Der Gottesgruß flog zum erstenmal
Durch den Weltgrund, bewegend die Lüfte,
Er drang hinein in's beengte Tal,
Durch alle Spalten und Klüfte.
Und Odin ward seiner Hoheit bewußt,
Er sehnt sich hinaus zu schweifen;
Er riß sich los von der Mutterbrust,
In sein Reich, in's Weltall zu streifen.
Er hob sich vom Lager, gewaltig, groß,
Vom Gottgeheimnis durchdrungen.
Die Locken umspielten ihn fessellos,
Als ihr Lied die Nornen gesungen.

## Nornengesang

„Wir weben und weben am Weltenlauf
Und können ihn doch nicht wenden.
Das Schicksal breitet die Fäden auf,
Die wir vor- und rückwärts senden.
Das Schicksal hält sie fest in der Hand,
Und was es einmal aufgespannt,
Das müssen wir vollenden."

**Urd** (Norne der Vergangenheit)
„Ich war, bevor die Urzeit war,
Stieg auf aus Ewigkeits-Schächten.
Ich schürte die Glut auf Muspels Altar,
Verkehrte mit finstersten Mächten. –
Weiß nicht was geschieht, was das Jetzt gebar, –
Ich wandle und weile immerdar
In vergangener Zeiten Nächten."

**Werdandi** (Norne der Gegenwart)
„Gegrüßt sei Odin und laut genannt
Du Gott gewordner Gedanke.
Du Weltalls Geist in Form gebannt,
Drum Alles sich ordne und ranke.
Ich gebe Dir Rat, der nutzt und frommt,
Weiß nicht was war und nicht was kommt,
Die Gegenwart zieht mir die Schranke."

**Skuld** (Norne der Zukunft)
„Ich sehe Alles, Alles voraus,
In der Zukunft offenen Hallen!
Mir künden Wogen und Sturmgebraus,
Wie Wasser zu Meeren wallen.
Ich seh' einen neuen Weltenbau,
Seh Göttersitze auf grüner Au,
Und Alles, Alles zerfallen."

**Die Dreizahl** (die drei Nornen)
„Nun wandern wir Drei zum geweihten Ort,
Aus dem sich der Weltbaum hebet!
Wir netzen die Zweige, daß keiner verdorrt,
Mit Nebel, der ihn umschwebet.
Wir wehren Nidhöggr[19] mit heiligem Zorn,
Und tränken die Wurzeln aus Urdas Born[20],
Daß die Esche grünet und lebet.

Auf Yggdrasil schau[21], den heiligen Baum,
Des' Äste den Weltbau tragen.
Drei Wurzeln dehnen sich weit im Raum,
Die ab- und aufwärts ragen.
An der ersten wohnt der Hrimthursen Geschlecht,
An der zweiten spricht Hel den Toten Recht,
Die dritte schwankt noch im Zagen.

Dem Weltbaum naht sich Feind um Feind,
Ihm Lebenstrieb zu entreißen.
Je höher Allsein in Dir erscheint,
So mehr wird Lebenslust kreisen.
Drum Odin, wehre mit Götterkraft
Der urgewaltigen Leidenschaft,
Die Welten treibt aus den Gleisen."

Die Nornen schwiegen und wandten sich ab,
Entglitten in Nebelwogen. –
Da saust' es um Odin und schwirrte herab,
Zwei Vögel[22] kamen geflogen,
Zwei Vögel, im schwarzen Gewand der Nacht,
Sie schwebten um Haupt und Glieder.
Er lähmte nicht ihres Fluges Macht,
Sie setzten sich flatternd nieder;
Berührten die Schultern und hafteten bald,
Sie flüsterten Zauberklänge.
Und Odin verstand der Worte Gewalt,
Als wären es Runengesänge[23].

**Die Raben** (Hugin und Munin)
Vernimm, Du welterschaffner Gott,
Daß wir Beide Dich immer umschweben.
Wir ziehen mit Dir, wenn Hohn und Spott
Bedroh'n Dein unsterbliches Leben.

Ich, Hugin, wecke Erinnerung,
Will Schlaf sie betäubend umranken.
Ich, Munin, erhalte feurig und jung
Die schaffenden Gottes Gedanken.
Entsende uns täglich um's Weltenall,
Das jugendlich jetzt sich erbauet.
Wir bringen Dir Kunde, allüberall,
Vom Werden, das wir erschauet.

Doch niemals verscheuche das Rabenpaar;
Denn wenn Erinnerung endet,
Wenn der Gedanken belebende Schar
Vom Geistesthrone entwendet,
Dann schwächst Du die hehre Gottesmacht,
Und wirst zum Untergang eilen,
Dann droht und naht die letzte Schlacht,
Du wirst das Verderben teilen. –
Wir sind des Schicksals vorfliegende Zwei,
Es haftet der Spruch an den Taten.
Bewahr Deine Gottheit und halte sie frei
Von des Unheils rächenden Saaten."

Und Odin, die Brust von Erregung durchwühlt,
Die Seele begeistert erweitend,
Vom Stolz gehoben, den Allmacht fühlt,
Siegstrunken den Abgrund durchschreitend,
Umflattert vom kreischenden Rabenpaar,
Hemmt plötzlich das Vorwärtsgleiten. –
Es bot sich ein Anblick, ein drohender dar;
Denn blitzschnell zu beiden Seiten
Hinsanken die schwersten Blöcke zum Grund,
Geworfen von Riesenhänden,
Sie stürzten vor ihm, erschütternd den Schlund,
Anprallend an Hohlschluchts Wänden.

Dicht vor ihm, das Eisstück in wuchtiger Hand,
Zum Wurf' im Schwunge hebend,
Kraftstrotzend, umloht vom Feuerbrand,
Heimtückisch, in Wut erbebend,
Stand Ymir, mit scheußlich verzerrtem Gesicht,
Vertiert, dem Gott gegenüber;
Doch Odin schreckte der Gräßliche nicht,
Es streifte sein Auge hinüber,
Durchdringend und kalt, wie funkelnder Stahl,
Das traf bis in's Herz den Zerstörer,
Und Odin blieb nicht des Wunsches Wahl,
Kampf bot er dem frechen Empörer.

Dem fehlte die Sprache, nur drohender Laut
Drang gurgelnd aus breiter Kehle,
Und als er den Herrlichen Streit suchend schaut,
Da zielt er, daß er nicht fehle,
Auf Odins Haupt; doch flog vorbei
Der Wurf des zermalmenden Zielers,
Wie der Würfel, ob treffbar das Ziel auch sei,
Aus der Hand des verzweifelten Spielers.
Schnell traten helfend zum Kampfe mit ein
Wo, Wili, gewaltige Fechter,
Erschlugen Ymir und stürzten hinein
In den Abgrund den Gottes-Verächter.

Da quoll sein giftgetränktes Blut
In Strömen aus klaffenden Wunden,
Es schäumte und hob sich der dampfende Sud,
Bevor der Ausgang gefunden,
In machtvollen Wogen er zischte auf
Bis der Abgrund brüllend sich spaltet,
Bis wilden Gebahrens des Saftes Lauf
Die Kluft gefüllt, bis erkaltet
Die zündenden Funken, die Surtur gesandt,
Bis alles mit Blut überschwemmet,
Bis nirgends Halt der Fuß mehr fand,
Wo Hrimthursen sich eingedämmet.

Nur einer entrann der Todesgefahr,
Der stärkste der mächtigen Riesen,
Thrudhgelmirs Sohn[24], weil er klüger war,
als sonst sich Hrimthursen erwiesen.
Aus wilder Umarmung der tosenden Flut,
Hat er keck sich herausgerungen,
und hielt, trotz der Wogen hemmender Wut
Sein Weib mit den Armen umschlungen.
Er fand in des Chaos grausem Gefecht
Ein Boot. – – Wer weiß, wer's errichtet?
Weh, daß gerettet der Riesen Geschlecht,
Das zu Grunde das Heiligste richtet!

Und der Blutstrom wogte schnell und heiß,
Im unbegrenzten Wallen
Fortreißend Felsen und Trümmereis
Durch Spalten, Höhlen und Hallen.
Zuweilen glitt in den Schlund der Nacht,
Da wo der Abgrund gespalten,
Ein goldner Glanz, voll heller Pracht,
Beleuchtend des Urkampfs Gestalten.
Hei, wie das tobte, wie das kracht',
Im wüsten Grollen und Hadern,
Wenn der Strom sich wühlt in den tiefsten Schacht,
In des Weltgrunds innerste Adern.

Hoch oben auf Felsen, umglüht von Licht,
Blickt Odin von ragender Spitze
Die Brüder mit ihm. – Er hielt Gericht
Auf wellenumbrandetem Sitze.
Sie zogen des Riesen Leiche empor,
Und Odin sprach: „Es werde".
Da taucht aus den quellenden Fluten hervor,
Aus Ymir geschaffen, die Erde[25].
Und Odin sandt' im Rund umher
Die Wasser, die sich ergossen.
Aus Ymirs Blut entwogte das Meer,
Hält rings den Erdball umflossen.

Dann türmten die Brüder Felsen auf
Aus den Gliedern des bösen Gesellen,
Den Schädel trugen sie hoch hinauf,
Als Himmel ihn aufzustellen.
Vier Hörner stützten den wölbigen Bau,
Die Wache teilten vier Zwerge,
Sie hielten nach allen Zonen Schau,
Über's Weltmeer, über die Berge.
Ihre Namen lauteten wundersam[26],
Sie lebten immer geschieden,
Weil Austri nie zu Westri kam,
Und Nordri und Sudri sich mieden.

Und das Meer, das tiefe Weltmeer rauscht,
Als wollt es die Erde verschlingen,
Es rollte sich auf, als ob es lauscht'
Der kämpfenden Mächte Ringen.
Viel Eisgezack trieb in wirbelnder Flut,
Es stöhnte im letzten Zerschellen. –
Grau, weiß und schwarz, dann in feuriger Glut
Versank es in tosenden Wellen.
Und Odin ergriff, ureigner Gewalt,
Die Augenbraunen des Riesen,
Erbaute Mitgard, mit festem Halt
Der Erde Kreis zu umschließen.

Dann haucht' er des wonnigen Atems Duft,
Durchdrungen von weckendem Leben,
Auf Ymirs Haar; da stieg in die Luft,
Aus dem Erdgrund, im Drängen und Beben
Der Pflanzen Zier, Gesträuch und Baum,
Mit berauschender Blütenfülle.
Es wogte Gras über weitesten Raum
Und Ähren in prangender Hülle.
Aus des Riesen Gehirn entstiegen in's All
Viel dunkle Wolkengestalten,
Verfinsternd, bedrohend den Erdenball,
Gleich des Weltmeers erregten Gewalten.

Von Süden her, um des Himmels Rand[27]
Kam funkelndes Feuer geflogen.
Durch Nebelschleier leuchtet der Brand,
Den die roten Fackeln zogen.
Und Odin faßte manch' flüssigen Kern,
Und zeigt' ihm den Weg am Himmel,
Entlockte dem Lichtstoff Stern um Stern,
Aus Muspels Flammengewimmel.
Nun lag verkläret der Finsternis Schacht,
Seit Gestirne dem Lichtmeer entwunden,
Seit der Tag erlöst aus dem Arm der Nacht,
Und Beiden gemessen die Stunden.

# Jördh[28]

In Schauern bebt' und zuckte noch das All,
Das Götterruf zum Lebens-Sein erregte;
Durch Odins Seele zog als Wiederhall,
Naturgewalt, die schöpferisch bewegte;
Denn was er tat, was in der Welt erstand,
Als Einheit sich mit seinem Selbst verband.
Er lebt in Allem, das durch ihn belebt,
Als Stoff und Geist den Weltenraum durchschwebt.

Daß er ein Gott, er fühlt's als Feuerglut,
Die jede Fiber seiner Brust durchdrungen;
Daß er ein Gott, er fühlt's am Schaffensmut,
Der aus dem Chaos Erd' und Meer errungen;
Daß er ein Gott, er fühlt es alle Zeit
Als herbe Pein an seiner Einsamkeit. –
Wenn noch so groß, wenn noch so hehr die Tat,
Er war allein – allein – auf jedem Pfad.

In seinen Brüdern fand er sich ja nur,
Sie galten als Ergänzung seinem Geiste,
Un wo sie weilten, traf er seine Spur;
Doch nichts, das gegnerisch ihm selber kreiste.
Ja, gegnerisch: wo's zu erringen galt
Ein andres Ich. – Ob wahren Glückes Halt
Für ihn erstand? Die Frage ließ er frei,
Doch Sehnsucht rief ein zweites Ich herbei.

Er schwang sich leicht auf stürm'scher Lüfte Zug,
Und als er flugschnell Alles übereilte,
Erschienen Duftgebilde voller Trug,
Vor seinem Hauch verschwindend. Er zerteilte
Atome, die als Schweifer durch den Raum
Den Äther trübten, gleich verwirrtem Traum.
Was bot die Welt, das ihm noch Heil verhieß?
Ob er zurück in's leere Nichts sie stieß? –

Da lag die Erde[28], seinem Blick enthüllt,
Und ihr entwallte, noch von Duft umwoben,
Erhabnen Reizes, Schüchternheiterfüllt,
Ein ernst Gebild, das Wolken aufwärts hoben.
Mit Wiesenblumen war geschmückt ihr Haar,
Noch halb geschlossen schien das Augenpaar,
Als ob es bang vor Sternenglanz sich scheut,
Der ihre Schönheit weihevoll erneut.

Aus Frühlingsblüten wir ihr Kleid gewebt,
Schneeglöckchen d'rauf vermischt mit Veilchen prangten;
Verschmolzner Hauch von Weiß und Grün umschwebt
Die Knospen, die zum Blühen nicht gelangten.
Auf ihrem Weg da sproßt' es überall,
Erklang verlockend Sang der Nachtigall,
Verheißungsvoll blüht, tönet Lebenslust,
Begeist'rungsrausch erfaßte Odins Brust.

War das ein Weib, begabt mit Allgewalt?
Er streckt' die Arme aus sie zu umschlingen.
Einst zagt' er nicht vor Ymirs Schreckgestalt,
Nun sanken matt des Göttermutes Schwingen.
„Mein mußt Du sein, Du bist mein zweites Ich,
Das ich gesucht, erringen muß ich Dich.
Nichts ist mir wert, das ich voll Allmacht schuf,
Folgst Hohe Du, nicht willig meinem Ruf.

Sie wich zurück vor Odins lautem Wort.
Ein leises Zittern flog durch ihre Glieder;
Und riß Verlangen ihn zum Handeln fort,
Legt inn're Scheu den Wunsch in Fesseln wieder.
Was war's, das seiner Allmacht Flügel lähmt?
Das Allgewalt in seinem Busen zähmt?
Das ihn mit sich versetzt in Widerstreit?
Geheimes Ahnen heil'ger Weiblichkeit. –

Und Odin sprach, bemeisternd kaum das Wort,
Ganz in Gedanken war sein Geist versunken:
„Ich kenne Dich, Du meiner Seele Hort,
Seitdem ich Meth vom Dichterborn getrunken!"
Und leise flüsternd haucht er Runen[29] hin,
Verwirren sollten sie des Weibes Sinn;
Doch hoch erhob sie nun ihr schönes Haupt,
Der Runenspruch macht sie nicht sinnberaubt.

„Wahr' Deinen Zauber, der mich nicht bestrickt,
Ich bin Dir gleich an Macht und Geistesstärke.
Nur nicht so stolz. Doch hab' ich eingeblickt
Mehr in die Tiefen aller Schöpfungswerke,
als Du getan. Ich weiß, daß außer Dir
Das All durchdringend, über, neben mir,
Des Weltumspanners höchster Urgeist weilt[30],
Der Schicksalsschlüsse wäget und erteilt.

Der Urgeist, der ja ewig vor uns war,
Der unerfaßlich, unbegreiflich wirkend,
Allebend kund sich gibt, und offenbar
An der Zeit nicht haftend, doch die Zeit bezirkend,
Uns auferweckt, mit hoher Macht belehnt;
Doch, wenn zu weit die Macht wir ausgedehnt,
Zurück uns schleudert in des Abgrunds Schicht. –
Du bist ein Gott; doch Ursein bist Du nicht."

„Weib, nicht so stolz, erkennst Du Dich als mich?
Und wagst doch edler Dich als mich zu preisen?
Was hält mich ab, jetzt zu vernichten Dich
Und fortzuweisen aus den Weltenkreisen?
Dein dunkler Stern ist kalt und liebeleer,
An seinen Küsten wohnt der Riesen Heer,
Mir feind. – Nun sprich, was zog Dich her zu mir?
Was zieht mich mächtig zwingend hin zu Dir?"

„Die Nornen, Odin, sagten mir voraus,
Daß wir uns beide liebend finden sollten.
Die Wolken zogen mich durch Nacht und Graus;
Ob meine Wünsche ihrem Wollen grollten,
Sie eilten fort, rasch wie der Wind entfleugt. –
Ich harr' erwartungsvoll und ungebeugt.
Vom dunkeln Stern ward ich entführt zu Dir;
Doch blieb nach ihm ein heißes Sehnen mir.

Und weil ich Weib, begabt mit Asenkraft,
In Zukunft eine Gottheit selbst gebärend,
Getränkt mit aller Elemente Saft,
Aus mir den Sohn, den göttlichen, ernährend,
Gehör' ich mehr dem ew'gen Ursein an
Als Odin Du, und wenn ich Dich gewann,
War's, weil Du weißt durch innern Sehersinn,
Daß ich gleich groß wie Du im Streben bin.

Du schmäh'st die Erde, weil sie unbebaut.
Nur was die Luft, was Meer und Sterne pflegten,
Strebt wuchernd auf und hat den Tag erschaut;
Doch keines Wesens fleiß'ge Hände legten
In's Erdreich Samen, daß er keimend schwillt,
Zur Pflanze wird, als Blüte sich enthüllt,
Und Früchte trägt und wieder Samen reift,
Daß Sä'n und Ernten in einander greift.

Noch wirkt Naturkraft ungeschwächt und voll,
Und was sie bringt, die Erde zu verschönen,
aus ihrem urgebornen Reichtum quoll.
Doch werden, die Naturkraft zu verhöhnen,
Geschöpfe nah'n, Geburten andrer Zeit,
Gefühlbegabt, durch Geist und Kunst geweiht,
In Zwietracht stets, beseelt mit Willenskraft,
Und Willenskraft geschwächt durch Leidenschaft. –

Doch nun, mein Schicksal! – Ich ergeb' mich d'rein.
Dein will ich sein. – Bald wird sich's anders wenden!
Als Göttermutter[31] werd' ich mächtig sein –
Doch Odin, Du wirst mich vom Himmel senden. – –
Und Urkraft-voll geb' ich Dir einen Sohn,
Der Gott wie Du, teilt Deinen Sonnenthron. –
Wenn Friggas weiche Liebe Dich besiegt,
Sturm, Blitze schleudernd, Thor[32] das All durchfliegt.

E. Ph. Fleischer pinx. Fr. Bruckmann rep.

# Der Tag

# Tag und Nacht

Odin zog auf Wolkenrossen
Durch die Welt im Sternenglanz,
Seine Schöpfung wollt' er schauen,
Die, noch halb umhüllt vom Grauen,
Eingewiegt vom Wogenkranz,
Lag von Schlaf und Traum umschlossen.

Und er sah, wie Nacht[33], befangen,
Zögernd ihre Schritte lenkt.
Wie sie sinnend vorwärts schreitet,
Ihre Seele nordwärts gleitet,
Naglfaris[34] stets gedenkt,
Voller Sehnsucht und Verlangen.

Nörwis Tochter war vom Gatten,
Den sie glühend heiß geliebt,
Bald verlassen, und in Kummer,
Ohne Trost und ohne Schlummer,
Den nur Seelenfrieden gibt,
Irrte sie als dunkler Schatten.

Und der Gott sprach finstrer Miene:
„Mindre Deiner Seele Pein.
Eile schneller durch die Zonen,
Laß den Sohn, den lichten thronen
Über allen Schöpfungs-Reihn,
Daß er meinem Rufe diene.“

Und die Nacht, im Auge Tränen,
flüstert: „Wenn ich traurig bin,
Magst, Allmächt'ger, Du ermessen,
Daß verlassen und vergessen
Ich die Bahnen wandle hin,
Ohne Hoffen, ohne Wähnen.

Naglfari war der erste
Dem ich Liebe zugewandt.
Ach, er schied, um zu erbauen
Jenes Schiff[35], dem Elend, Grauen,
Segel schwell'n in's dunkle Land,
Wo der Jammer haust, der schwerste.

Ist das Werk noch nicht begonnen,
Weil die Zeit noch nicht genaht,
Wo der Tod in Tiefen führet
Alle, die sich Hel[36] erküret
Nach der Nornen ew'gem Rat;
Doch wie bald ist sie verronnen! –

Um der Seele Gram zu heilen,
Ward ich zweimal noch vermählt[37].
Kinder, von mir selbst geboren,
Sind für immer mir verloren,
Weil die Götter sie erwählt
Meinen Pfaden fern zu weilen.

Und so wall' ich, Leid umbanget,
Matten Schrittes durch den Raum,
Unbekümmert, ob die Stunden,
Die Du maßest, schon entschwunden, –
Darf ja nie, und wär's im Traum,
Seh'n sie, die mein Herz verlanget."

„Schweig, verhallen laß die Worte,
Nimmer müde sei Dein Fuß.
Lindern will ich Deine Schmerzen,
Reichtum leihen Deinem Herzen,
Und mit hohem Weihegruß
Schmücken Deine dunkle Pforte.

Auf, ihr Fluten, meergetränkte,
Schäumt und wallet überall!
Laßt aus flücht'gen Wellen gleiten
Roß und Wagen[38], schnell zu leiten,
Nacht um's weite Weltenall,
Die vom Schicksal schwer gekränkte.

Armes Weib, von Leid umhüllet,
Sei des Kummers Lindrer Du.
Schlummer gib, wo Unglück waltet,
Haß und Zwietracht Seelen spaltet,
Und der Schöpfung heil'ge Ruh.
Also sei Dein Los gestaltet."

Und es eilt auf schwarzem Wagen,
Von Hrimfaxis Flug gelenkt,
Nacht durch alle Himmels-Bahnen.
Mit ihr zog des Gottes Mahnen,
Der verheißungsvoll geschenkt
Todesschweigen trübsten Klagen.

Aus des Rosses Mähnen taute,
Flut geboren, weißer Schaum,
Der zum Grunde niederfallend,
Über Wald und Wiesen wallend,
Streifte Land und Wolkensaum
Und aus Blumenkelchen schaute.

Odin jagt' durch Weltenkreise,
Wo sich kreuzt der Sterne Pfad,
Eilt zu den Kometenscharen,
Die gleich schwingenlahmen Aaren,
Schwärmten, ohne Ordners Rat,
In dem selbst gewählten Gleise.

Und er sah das tolle Ringen,
Faßte Feuer-sprüh'nden Ball,
Der, mit lang gezog'nen Schweifen,
Los sich löste, wild zu streifen
Durch das unbekannte All,
Prüfend Flugkraft seiner Schwingen.

„Halt, Du fesselloser Eiler,
Zügle Deines Eifers Wut!
Roßgestalt soll Dir entwachsen,
Daß Du, rings der Erde Achsen
Führ'st, des Tages Wonneglut
Selbst ersteigst als Nachtzerteiler.

Deine Mähnen laß' ich lohen,
Leuchten durch des Äthers Duft,
Und den Kern, als gold'nen Wagen,
Magst Du, Licht-umfloss'ner tragen
Durch die reine Morgenluft,
Untertan dem Tag, dem hohen.

E. Ph. Fleischer pinx. Fr. Bruckmann rep.

# Die Nacht

Auf Skinfaxi[39], eil im Fluge,
Ruh im Abgrund sucht die Nacht.
Dunkel ist ihr dort erteilet,
Gold'ner Saal, wo Tag verweilet,
Um ihn Meeres-Glanzes Pracht.
Auf, zum Dienst beim Weltenzuge!"

# Thor

Gebirge[40] stiegen auf, zum Schutz gefügt
Um's Erdenrund, der Riesen Neid zu dämpfen.
Der Küstensitz hat ihnen nicht genügt,
Der gier'ge Sinn strebt Weitres zu erkämpfen.
Viel Böses hatten sie voll Grimm erdacht,
Bedrohten grollend Odins Asenmacht.

Sie standen murrend an des Wassers Rand.
Was mochten sie erwünschen und erharren?
Aus Surturs Reich gewalt'gen Feuerbrand,
Um zu vernichten Midgards Felsenbarren?
Am steilen Steinbau scheitert ihre Kraft
Und aller Witz geheimer Wissenschaft.

Doch Surtur, schwer durch Odins Tun verletzt,
Der seinen Flammen feste Bahn gewiesen,
Als Sterne sie an's Firmament gesetzt,
Verweigerte das Feuer nun den Riesen,
Weil sie die Lohen, von ihm ausgesandt,
Heilbringend ließen in des Gottes Hand.

E. Ph. Fleischer pinx. Fr. Bruckmann rep.

**Thor**

Nun wanderten die Riesen, Haß-erfüllt,
Urwüchs'gen Seins und doch die Kraft gebändigt,
Am Meere hin, das Großes kündend schwillt,
als ob's den Zorngemuten sich verständigt.
Es brauste auf und rollt in's Land empört.
Ob wohl die See den Mitgardwall zerstört?

Auf seinen Wellen, Wogenschaum-umbauscht,
Von Rana's[41] Arm, dem raffenden umwoben,
Stieg Ögir[42] auf. Zum Weltenäther rauscht
Die Flut empor und helle Funken stoben
Allüberall, in weite Fernen aus,
Entflogen, Schimmer werfend, Ögirs Haus.

Der Wasserherrscher, der die Flut bewohnt,
Der Eismeermassen, Südens Felsen spaltet,
Und, wenn er auf den Firnenspitzen thront,
Die Gletscher wirft, daß heißes Land erkaltet,
Hat sich, so weit die Salzflut ausgedehnt,
Selbstmächtig mit dem Flutenreich belehnt.

Im Norden lag er stets im ernsten Streit
Mit Hymir[43], jenem frostgewalt'gen Riesen,
Der Eliwagar sich als Heimat weiht,
Wo noch der Urwelt eis'ge Wasser fließen,
Der Giftstrom heult, und Eiter triefend wallt
Um Hymirs Tod-umstrickende Gestalt.

Oft saß bewegungslos das Ungetüm,
Der Wille nur lebendig, zu vereisen
Die Lebenswelt, verlangend ungestüm,
Möcht' er sein Wollen durch die Tat beweisen;
Doch, da er niemals einen Lichtstrahl trank,
Blieb auch sein Wollen machtlos, todeskrank.

Wenn er sich regt', im Eis-umwölbten Saal
Erdröhnten rings die wucht'gen Gletscherwände,
Und schaut' er auf, dann barsten allzumal
Der Säulengänge stützende Gelände,
Und was zerschmetternd stürzt auf Hymirs Haupt,
Ihn tötet's nicht, macht ihn nicht sinnberaubt.

Zuweilen fuhr der frostgeborne Mann
Zur Jagd, verfolgt das Walroß mit dem Spieße;
Eiszackig, wirr setzt sich der Kinnbart an,
Eisfransen fielen von dem Mantelvließe;
Da war's, wo er mit Ögir Streit begann,
Weil Ögir selbst das Walroß gern gewann.

Her eilt Niördr[44] kampfgewillt als Feind,
Vom Wanenstamm und Führer großen Schiffes.[45]
Ihm hatten sich als Untertan vereint
Sturm, Feuer, Meer. Umsegler jedes Riffes
Trug ihn das Seeroß über'n Wellenkamm,
Gleich raschem Hengst auf festem Erdendamm.

Er bracht Orkan, der rauh weht von Nordost,
Wildrasend trieb das Meer zum höchsten Steigen,
Und als der Sturm, ein frecher Wüstling tost,
Begannen beide ihre tollsten Reigen.
Sie wälzten sich an's Land im Flutenschwall.
Ob wohl der Sturm bricht Midgards Felsenwall? –

Auch Loki kam, der, Surtur nah verwandt,
Blutbruderschaft mit Odin einst getrunken.
Noch war Erinnern d'ran nicht ganz verbannt,
Auch liebt' er mit des Gottes Gunst zu prunken.
Schön von Gestalt, zweideutig, schlauen Sinn's,
Des Lasters Freund und Diener des Gewinns.

So stand er lauschend an der Midgardwand,
Und schaute hämisch auf der Kämpfer Treiben. –
Den festen Steinbau prüfte seine Hand,
(Vom Kampfe wünscht er klüglich fern zu bleiben)
Da schien's, als schwankt der ganze Erdenball.
Ob Lokis Macht einst stürzt den Midgardwall[46]?

Was war's, das Aufruhr der Natur gebracht?
Die Elemente aus der Haft gerissen?
Die Nacht verklärt, bevor der Tag erwacht,
Der schlummernd noch auf weichen Wellenkissen
Hold träumend lag, des Glückes unbewußt,
Das strahlend aufging seiner Jugendlust?

Was war's, das nun die Elemente band?
Die Feinde, die sich kaum vernichten wollten,
Vom Streite hielt? Was war's, das ihnen sandt'
Die äuß're Ruh, wenn sie auch heimlich schmollten?
Ein Regins-Gruß[47] hat ihre Kraft gefeit,
Und Weltgeheimnis Odins Geist befreit.

Am Himmel ließ er leuchtend ziehn den Mond[48],
Der Nacht als treuen Hüter zugesellet.
Wo wär' der Lohn, der Leiden höher lohnt
Als Liebe, wenn sie einen Pfad erhellet?
Denn Wissen, Schönheit, Güter noch so reich,
Ist Keines doch tief-ernster Liebe gleich.

Nun weiht die Nacht dem Monde leisen Sang,
Der hat die Luft, die Lebenswelt durchklungen.
Der Meergott lauscht und von dem Sphären-Klang
Bald angelockt, hat er sich aufgeschwungen.
Die Flutenrosse lenkten hoch hinauf,
Sie stiegen, sanken, mit des Mondes Lauf[49].

Auch Niördr schwieg. Er lehnt an Schiffes Bord,
Gebot dem Sturm sein Rasen schnell zu lindern,
Sandt' ihn hinweg zum Eisespol am Nord,
Um Hymirs Ausbruch roher Kraft zu mindern.
Der Alte stand am Eismeer, festgebannt,
Hat doch der Mond ihm einen Strahl gesandt. –

Sie Alle schauten auf zum Himmelsraum,
Voll kühnen Hoffens auf ein neues „Werde"!
Verbunden war durch Mondlichts Silbersaum
Die Sternensphäre dem Geschick der Erde.
Und Nacht und Mond versanken leise, tief
In's stille Meer, das Mondlicht wiegend schlief.

Und aus dem Meer entstieg in Purpurglut,
Dem Tage folgend, auf dem Sonnenwagen,
Den Odin schuf, aus Muspels Feuerflut
Die Sonne selbst. – Um's Rund der Welt getragen
Von ihren Hengsten, die heißblüt'ger Art,
Hat Sonnenglanz Weltschönheit offenbart.

Arwakr[50] und Alswidr eilten schnell,
Denn Sonnensehnsucht wollt' den Tag umarmen;
Der Tag, ein rüstig schaffender Gesell,
Durft' nicht zu früh an ihrer Brust erwarmen;
Erst wenn der Lauf am Himmelsraum vollbracht,
Gewährt ihm Ruh und Glück die stille Nacht.

Doch mehr beschleunigt Sonne ihren Lauf,
Ihr Antlitz strahlt von hehrem Glutenglanze.
Die Berge loh'n, und leuchtend spritzte auf
Des Meeres Brandung. In dem Wellentanze
Schien kochend schon die Wasserflut zu sprüh'n,
Ja, Feuer atmend, Luft und Wogen glüh'n.

Und Odin ahnt, daß Surturs Stolz sich bläht
Im Funken, dem er Sonnenmacht gegeben.
Der Feuergott hat listig schon erspäht,
Wie er das Weltsein trifft im innern Leben.
Doch Odin reicht Swalin[51], ersticket mild
Den Weltenbrand durch Gott erschaff'nen Schild.

So schien es nun, daß Sonn' und Tag, vereint
Bestimmt den Äther neidlos zu durchfliegen;
Doch wahr ist nicht, was nur als wahr erscheint –
Schon trachten Feinde beide zu besiegen.
Es war als streift ein Seufzer Schmerz-geweiht,
Ein Klagelaut durch Weltalls Herrlichkeit.

Jarnwidhrs[52] Hain bewohnt', mit Kraft begabt,
Ein schrecklich Weib mit andern Riesenfrauen;
Sie haßten Licht. Nicht Mond noch Sonne labt
Verruchten Sinn, ihr Tun sollt' Dunkel, Grauen
Verhüll'n; der Sehkreis nicht gewöhnt
An holden Glanz, fühlt sich durch Licht verhöhnt.

Gygur, das Haupt von dieser finstern Schar,
Trieb Sudkunst, pflegte Rat mit Molchen, Drachen,
Und sie gebar viel Wölfe, Paar um Paar,
Fraß lechzend, nimmersatt im graus'gen Rachen.
Zwei von den Bestien sandte sie hinauf,
Dem Mond zu folgen und der Sonne Lauf.

Die Beiden[52] reizt des Hungers wüt'ge Pein,
Der hag're Hati sucht den Mond zu packen.
Sköll folgt der Sonne lebensvollem Schein,
Bereit zum Ansprung auf den Götternacken.
Und wenn sie fast die Herrlichen erreicht,
Mond, Sonnenlicht vom Schreck erfaßt, erbleicht[53].

Doch reiner, heller zeigte sich ihr Strahl,
Wenn sie dem Haß und Rachedurst entflohen,
Wenn sie von der Verfolgung Angst und Qual
Durch Zeit entrückt, vergessen Frevlerdrohen.
Leicht schwebten sie durch Wolken, Himmelsduft,
Mit Licht erfüll'nd die unbegrenzte Luft.

Im innern Erdreich wühlten, Maulwurf gleich,
Die Zwerge[54], die von Ymirs Fleisch einst zehrten.
Elende Schwelger im Verwesungsreich,
Schmarotzer, die vom Leben nichts begehrten.
Odin verlieh den Kleinen Witz, Geduld,
Erzschürfend priesen sie des Gottes Huld.

Auf Erden blüht' es, Keime trieben auf,
Die, als es kühler noch im Grunde, säumten;
Doch warm umfangen, sproßten sie hinauf.
Ob sie von Lust und Sommerfreuden träumten?
Und zwischen Bäumen, unschuldsvoll ihr Sinn,
Da schritten, aufrecht wandelnd, Menschen hin.

Embla und Ask, belebt durch Odins Hand[55],
Als Esche, Ulme fand er sie entfaltet.
Odin lieh Geist und Hönir gab Verstand,
Doch schönheitsvoll hat Loki sie gestaltet.
Und jetzt, gebannt vom großen Augenblick,
Erharren sie voll Schweigen ihr Geschick.

Aus lichtem Blau, vom reichsten Glanz umhellt,
Auf Eil-beschwingten, leichten Wolkenrossen,
Zog Odin her, ruft seinen Gruß der Welt,
Und hoheitsvoll, von Götterpracht umflossen,
Glücktrunken hielt sein Arm den ersten Sohn,
Um dessen Haupt des Nordlichts Strahlen loh'n.

„Hier Asathor, den ich wie mich erkannt,
Gleich groß an Macht, ein Götterpaar-Entstammter.
Die Kampfeswut, die schnell in Euch entstand,
Beweist, daß wiederum ein gottentflammter
Gedanke Sein in Körperform gewann,
Der Euch bedroht mit mächt'gem schweren Bann.

Denn Eure Kraft, urwüchsig voll Gewalt,
Doch ach, von keinem Geistesspruch gebändigt,
Wird nun beherrscht. Thor ruft ein zwingend „Halt"!
Macht über Euch hab' ich ihm eingehändigt:
Sturm, Feuer, Erde, Wasser, soll't empfahn,
Daß Asathor ihr jetzo Untertan.

Es dehnt sein Reich sich über Asgard's Sitz,
Umfaßt des Firmamentes weit'ste Strecken.
Auf sein Gebot enteilt der schnelle Blitz,
Weh, wer es wagt des Gottes Zorn zu wecken!
Thor's Wort heischt Sturm, entfesselt Meeres Wut,
Trägt tief in's Erdreich Blitzes Flammenglut.

Und Sonn' und Mond, ihr müßt ihm dienstbar sein,
Er weiß den Tag in's Reich der Nacht zu senden,
Die Nacht zu rufen, wenn noch Sonnenschein
Sollt' glüh'n. Er kam der Welt zu spenden
Gerechtigkeit, Vernichtung böser Tat,
Die Riesenmacht ausstreut als schlechte Saat[56].

Dem Guten wird er immer helfend sein,
Den Menschen hold und freundlich ihrem Walten.
Durch Mjöllner spalten unfruchtbar Gestein,
Und Regen tränkend, fruchtbar umgestalten.
D'rum keine Furcht, wenn seine Stimme tönt,
Wenn Donnerschall das luft'ge All durchdröhnt." – –

Und Donner kracht, ein nie gehörter Ton! –
Odin entschwand. – Blitz flog auf Blitz zum Grunde.
Im Wetterleuchten, von umwölktem Thron,
Gab Thor der Welt von seiner Gottheit Kunde.
Wo Elemente, Lebenskraft erwacht,
Sie beugten sich vor Thor's gewalt'ger Macht.

E. Ph. Fleischer pinx. Fr. Bruckmann rep.

# Odins Gang zum Mimirs-Born

# Odins Gang

zu

# Mimirs Born

Von Yggdrasil[57] will ich euch singen,
Der Esche, die sich hoch erbaut;
Wenn Lüfte ihre Zweige schwingen
Wird silberhell die Welt betaut
Mit Himmels Naß; die reinen Fluten
Enteilen reich zu Mimirs Grund[58],
Noch leuchtend von des Äthers Gluten,
Bevor sie trinkt des Bornes Schlund.
Will singen von des Weltbaum's Wesen,
Der Erd und Göttersitze hält,
Der, Träger einer Welt, erlesen,
Erst mit der Weltvernichtung fällt.

Folgt mir nach Nordens kühlen Zonen,
Dort wuchs der Baum in voller Pracht,
Zum Saal, wo weise Nornen wohnen[59],
Verkünder dunkler Schicksals-Macht.
Zur Quelle Urd's, d'rin Schönheits Kräfte
In ew'ger Jugendfülle blüh'n,
D'raus sich erneuernd, Lebens Säfte
Bis zu der Esche Wurzel sprüh'n[60].
Sie war bisher im schwanken Zagen;
Nun trieb sie auf zum Erdenkreis,
Darin die Menschen aufgeschlagen
Ihr Heim, zu Odins Ehr und Preis.
Und Yggdrasil, die Kraft verteilet,
Umschlingt als Baum das ganze All;
Doch der wird bald von Leid ereilet,
Schon sinnt Verrat auf seinen Fall.
Heidrun[61], der Helden Durst zu stillen,
Nährt sich vom Baume fort und fort,
Und Klagen rings die Luft erfüllen
Weil Zweig um Zweig welkt und verdorrt.
Nidhöggr nagt an seinem Leben,
Von Wipfels Laub Eikthyrnir[62] zehrt,
Der, Strömen reiche Flut zu geben,
Stets mehr und mehr davon begehrt.
Es füllt der Tropfen reiches Rinnen,
Das vom Geweih des Hirsches fließt,
Den Kessel Hwergelmirs tief innen,
Dem sich die Unterwelt erschließt.
Und wenn am Baume neue Sprossen
Erscheinen, lechzen nach dem Mahl
Vier Hirsche[63], denen lang verschlossen
Die Nahrung durch des Mangels Qual.
Ein Adler[64] thront in Baumes Krone,
Der viel vom Weltgeschick erschaut,
Auf dessen Stirn hat ihm zum Hohne
Ein Habicht[65] frech sich angebaut.
Und nah den Bösen horcht und lauschet
Ein Eichhorn[66], das nur Zwietracht streut,

Das Worte wechselt und vertauschet,
Vor keinem Heuchelspiel sich scheut,
Das zwischen Adler und der Schlange[67]
Schmähworte trägt und eifrig hetzt,
Sich schnell verbirgt, wenn scharf zum Fange,
Der Adler seinen Schnabel wetzt. –
So schleichen zu dem Götterbaume,
Die finstern Mächte allzumal,
Die Esche ahnt gleich wie im Traume,
Der Weltvernichtung droh'nde Qual.
O daß, was groß sich je entfaltet,
Dem herben Fluch auch unterliegt,
Daß Alles, was die Zeit gestaltet,
Vergänglichkeit zuletzt besiegt.
Nur einen Trost gibt's für das Leben,
Daß Geist, als Geist stets fortbesteht,
Und daß der ernsten Kämpfer Streben
Selbst ein Jahrtausend nicht verweht.
Wie jetzt ich von den Göttern singe,
Die Zeitenlauf uns lang verbarg,
Und mit des Geistes schneid'ger Klinge,
Aufsprenge den verschloss'nen Sarg,
Um neues Leben einzuhauchen
Gestalten, die uns nah verwandt,
Und die, aus eines Weltbrands Rauchen,
Mir längst schon Grüße zugesandt,
So baut sich aus dem Zeitenschoße
Urew'ges Leben vor uns auf,
Der Geist erforscht die Weltenlose,
Maßgebend regelt er den Lauf.
Wenn in Atome auch zersplittert,
Der Menschengeist zum Sein erwacht,
In jeder Seele sprüht und zittert
Ein Strahl der höchsten Gottesmacht,
D'rum Kämpfer, schärft des Geistes Klingen,
Daß mit Vergangenheit erscheint
Die Gegenwart, und wir erringen
Ein Weltbild, das uns ihr vereint. – –

Nun führ' ich euch zu Mimirs Bronnen,
Beschattet von dem heil'gen Baum;
Das Naß dem Urquell einst entronnen,
Birgt tief in seinem dunklen Schaum
Das Weltgeheimnis! – Wer getrunken
Vom Wasser aus der klaren Flut,
Erkannte, daß darin versunken
Der Reichtum tiefsten Wissens ruht;
Daß Ursprung jedes Seins gebunden
In dem geheimnisvollen Born,
Daß nur d i e Seele kann gesunden
Und Rätsel lösen, die verworr'n
Dem Geist ersteh'n, die sonder Zagen
Von Mimirs reinem Quell genießt.
Doch wer kann Offenbarung tragen,
Wie sie dem Geist sich auch erschließt? – –
Die Sehnsucht Alles zu ergründen,
Der Dinge Werden und Gehalt,
Ließ Odin keine Ruh' mehr finden.
Den Sinn von jeglicher Gestalt
Wollt' er erkennen, wollt' erbeuten
Das Allgeheimnis, das ihm fremd,
Er ahnt, es galt etwas zu deuten,
Dagegen kühn sein Stolz sich stemmt.
Verborgen wohnt in Mimirs Quelle
Allwissenheit. – Ward sie ihm nicht? –
Und heißer strömt des Blutes Welle.
Maß er doch jedes Sternes Licht,
Maß aller fernsten Erden Weiten,
Des Meeres Tiefen, das Gebiet
Der Himmel; ja Unendlichkeiten,
Die kein Geschaff'ner sonst erriet,
Vermocht er teilweis zu durchdringen,
Doch Urgrund alles Weltenseins
Gelang dem Geist nicht zu erringen.
Die Welt schien ihm nur Welt des Scheins. – –
Die Sonne lenkte ihren Wagen
Im glühend purpurnen Gewand,

Er sollte sie hinunter tragen
Bis zu des Meeres Flutenrand.
Und Odins Seele, hochbegeistert,
Schwang sich zum Sonnensitz empor,
Vom Wissensdurste ganz bemeistert,
Lieh seinen Raben nicht das Ohr.
Die Vögel die ihn wild umkreischten,
Sie warnten vor geplantem Ziel,
Und Unheil kündend, von ihm heischten
Zu lassen vom verweg'nen Spiel.
Doch Odin, in sich selbst versunken,
Vom Allmachtstolz bewegt zur Tat,
Vom Feuerblick der Sonne trunken,
Wies ab der dunkeln Vögel Rat.
Die Sonne hielt an Mimirs Bronnen. – –
Wie einsam war's und totenstill,
Als wenn die Lebenskraft verronnen,
Und Alles schlafen, träumen will.
Selbst Odin wagt' nicht sie zu wecken.
Kein Lüftchen weht, die Welle schwieg, –
Da war's als ob dem Wasserbecken
Der alte Brunnengeist entstieg.
Und mit metallos tiefer Stimme,
Begann er also: „Sage an,
Was willst Du Gott? Kommst Du im Grimme?
Feindschaft und Haß liegt hier im Bann.
Was suchst Du mich, vom Riesenstamme,
Den Du bekämpft seit langer Zeit?
Wohl, weil die Urwelt meine Amme,
Und Mimirs Wissen weltenweit,
Hast Du den Gang zu mir gewendet?
Doch nun sei schnell Dein Schritt gehemmt,
Mein Reich beginnt, wo Deines endet,
Kehr um, wir beide sind uns fremd." –
Und Odin hob das Haupt zum Greise,
Das Augenpaar voll Sonnenschein,
„Als Wand'rer komm ich, von der Reise,
Nicht als ein Gott in Deinen Hain.

Gönn' mir aus den kristall'nen Wellen
Den Labegruß, bin matt und krank.
Reich aus dem Born, dem wunderhellen,
Dem Gaste den Erfrischungs-Trank."
„Nichts birgt sich, Odin, meiner Seele,
Ich weiß gar wohl wonach Du bangst.
Ob auch Dein Wort es mir verhehle,
Erriet ich, was Du heiß verlangst.
Aus meiner Flut willst Du Dich laben,
Weil Allerkennen in ihr quillt,
Doch der Erkenntnis höchste Gaben
Sind auch vom tiefsten Schmerz erfüllt.
Und willst Du Urlichtstrahl gewinnen,
Gib mir ein Aug' voll Sonnenschein,
Das senk ich, ziehest Du von hinnen,
Tief in die stille Flut hinein." –
Und Odin, Leidenschaft-durchglühet,
Schlug auf das Aug' zum letzten mal,
Daß es in alle Weiten sprühet,
Noch einmal trinke Himmelsstrahl.
D'rauf hat er's Mimir eingetauschet,
Für einen Trunk, als ew'ges Pfand[68],
Doch was die Quelle ihm gerauschet,
Das hat er keinem Ohr bekannt.
Nur wenn er schlief, zuweilen flüstert
Die Lippe von vermess'ner Tat,
Und daß die Seele, Schreck-umdüstert
Furchtbar Geschick erkundet hat.
Als er die Götter wieder schaute,
Einäugig nun, frug jeder Blick,
Doch vor dem Wort die Seele graute,
Sie hielten's, Schmerz bewegt, zurück.
Nur Wöla[69], finster, ganz im Schweigen
Erkannte Alles was gescheh'n,
Sah Odin zu der Quelle steigen,
Im Born sein Auge untergeh'n.
Und als der Gott, Unruh-getrieben,
Zu ihr trat in der Höhle Grund,

Sprach sie: „Wohl weiß ich wo geblieben
Dein lichtvoll Auge, doch mein Mund
Hat keinen Trost für Deine Sorgen. –
Wer kühn Allwissen aufgesucht,
Erkannte, daß am Schöpfungs-Morgen
Die Schuld in's Weltbuch eingebucht.
Aus Deinem Aug', das Du gespendet,
Trinkt Mimir Meth an jedem Tag.
Von Dir hast Du ein Teil verpfändet,
Weißt Du, was das bedeuten mag?" – –

# Jörd's Scheiden

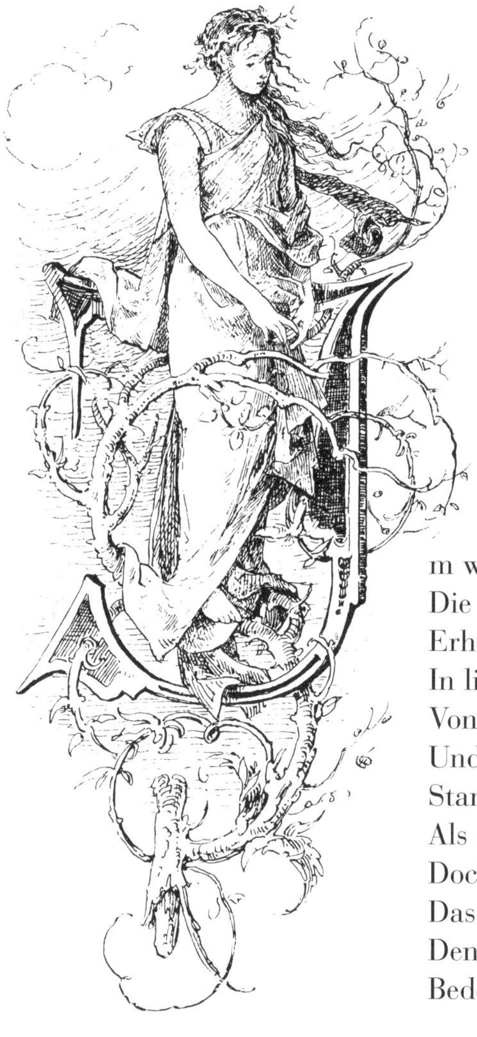

Im weiten Weltraum, wo des Sturmgott's Ruf
Die Wolken jagt, zu Wettern rollt zusammen,
Erhob sich Asgard, das einst Odin schuf,
In lichter Pracht, getauft durch Nordlichts Flammen. –
Von Wind umweht, der über Gletscher zog,
Und der nun, lustvoll, Sonnenwärme sog,
Stand Walaskialf, das fernhin strahlt und leuchtet,
Als ob's von glitzernd, klaren Naß befeuchtet.
Doch war nicht Tau die schimmernd helle Flut,
Das Licht entströmte zarter Silberglut,
Denn Walaskialf's[70] gewölbte, prächt'ge Wände,
Bedeckten reich mit Silber Götterhände.

Und höher, um das ganze All zu schau'n,
Daß bis zum Himmel und zum Erdrund dringe
Sein Forscheraug', hieß Odin auferbau'n
Den Hochsitz Hlidskialf[71], der vom Burgenringe,

Den weit umher die Asen aufgeführt,
Odin allein zum Weltausblick gebührt.
Dort sucht er Ruh', wenn ihn Gedanken quälten,
Die seinem Geist in Zwietracht sich vermählten.
Er wußt' es ja, daß er vom Himmelsrand
Den Sternenreihn die Runenschrift entwandt,
Und wie die Runen anders oft zu deuten,
Mußt er aus Sternschrift Klarheit sich erbeuten.

Da saß er oft und lenkt' aufwärts den Blick,
Er sann und sann, wie Unheil abzuwenden.
Sein Geist erwog das künft'ge Weltgeschick,
Er sollt' es bau'n und sollt' es auch vollenden.
Doch war verteilt des Urgeists heil'ge Kraft,
Der auch in andern Göttern wirkt und schafft.
Könnt' er doch Gottheit nur in sich vereinen,
Der Vielheit Geist bekämpfen und verneinen! – –
Ein wilder Sturm durchwühlt ihm Herz und Sinn.
War das des Trunks zweideutiger Gewinn?
Allwissenheit hat er durch ihn erkoren,
Doch Allmachtstolz für alle Zeit verloren.

Auf Hlidskialf, von Wettern rings bedroht,
Sah er der zieh'nden Welten Glüh'n und Bleichen,
Wie manche schnell als Feuerbrand verloht,
Und neuer Sterne strahlenvolle Zeichen.
Und Zauberkunst, die Mimirs Rat ihm lehrt,
Erschloß der gold'nen Runen innern Wert.
Er las, wenn auch Verständnis noch im Schwanken,
D'raus ew'gen Urgeists waltende Gedanken.
Ward sich bewußt, daß er in's All gestellt,
Als Gottheitskraft, Vermittler einer Welt,
Die unvollendet, Werdenslust-durchdrungen,
Zu früh urew'gen Mächten sich entrungen.

Und wenn der Geist, der kampfgeübte ruht,
Eilt er zu Jörd; ihr Wesen war befangen,
In ihren Augen perlte Tränenflut,
Den Blick verhüll'nd, wie Nebelschleier hangen
Vor Morgenlicht. Sie barg was innen glüht,
Was sie bewegt, was in dem Herzen sprüht.
Ob Freude wohl der Augen Glanz verdunkelt,
Der Glück verheißend vor dem Spenden funkelt?
Nein, Schmerz nur war's, wodurch der Schein erblaßt;
Ach, Blickes Glut ist oft ein flücht'ger Gast,
An Seligkeit, die leicht erregt, gebunden
Und mit dem Reiz des Augenblicks verschwunden.

Odin ersah, wie mehr und mehr erblich
Die Lebensfarbe auf der Gattin Wangen,
Wie freundlich Lächeln von dem Munde wich,
Und seine Seele faßte heimlich Bangen.
Kein Klageton entrang sich ihrer Brust,
Doch auch kein Wort erfüllt von Liebeslust.
Im Antlitz las er still verborgnes Trauern,
Ja, Zeichen schon von nahen Todesschauern;
Verwischt des Ausdrucks süße Harmonie,
Ein Bild peinvollen Duldens fand er sie.
Den Glückestraum, in den er stolz sich wiegte,
Ein Schicksalsspruch, so schien's, auch hier besiegte.

„Wer brachte Kummer auf Dein teures Haupt?"
Frug ernst der Gott. „Wer nahm Dir Deinen Frieden?
Unheil erfaß' ihn, der sich frech erlaubt
Mein Weib zu kränken. Schweres sei beschieden
Dem Mann, von welchem Stamm er immer sei.
Hugin und Munin, Kunde tragt herbei!
Ihr, Wasser, Licht, ihr dunkeln Wolken-Heere,
Straft den Verletzer meiner Götterehre.
Gungnir, mein Speer, glatt bist du, scharf und stark,
Triff den Verräter bis in's Herzensmark.
Feind jeder Schuld, darf ich doch nie erdulden,
Daß Frevler ungesühnt Verbrechen schulden."

„O, blicke auf, gönn' mir den Augenstrahl,
Der meine Seele wundervoll erhellet,
Wenn der Gedanken furchtbar schwere Qual
Wie finstre Wetter sich dem Geist gesellet.
Du bist der Tau, der mir das Herz erquickt,
Die zarte Blüte, die den Sinn entzückt.
Verliehst die höchsten Güter meinem Leben,
Hast mir den Sohn, den herrlichen, gegeben.
Sag an, wer hat die Freude Dir entwandt?
Ruh' bleibt mir fern, bis rächend meine Hand
Den Täter greift, bis Rot auf Deinen Wangen
Wie Frühlingsschein von Neuem aufgegangen."

Sie schaut empor, es war ein jeder Blick
Von unermeßlich tiefem Schmerz durchdrungen.
„Die Erde ruft, mein Gatte, mich zurück,
Sie hält mit tausend Fäden mich umschlungen.
Durch Frühlingslüfte hat sie mich belebt,
Und alles Licht, das meinen Weg umschwebt,
Sei's Tagesglanz, sei's Mond und Sternenflimmer,
Mir gaben sie nur ihren Frühlingsschimmer.
Von Sommers Nah'n wird mir der Pfad versengt,
Durch Sommerluft fühl' ich die Brust beengt. –
Warm lieb' ich Dich und hab' Dir's nie verhehlet,
Und Liebe war's, die mich bis jetzt beseelet."

„Leb wohl, Gemahl, Verhängnis treibt mich fort,
Wir alle sind an's Weltensein gekettet. –
Wir liebten uns und jedes Liebeswort
Von Dir sei mir in's Blumengrab gebettet.
D'raus sprossen auf in künft'ger Frühlingszeit
Als Blumen, meine Grüße, Dir geweiht.
Und überall, wo ihre Düfte wehen,
Wird meine Liebe segnend mit Dir gehen.
Ich bin ein Weib, das Weib liebt nur einmal,
Doch Odin, Dir, wird neuer Liebe Strahl,
Wo Du auch wandelst, ewig sich gesellen,
Und sonnengleich Dir Deinen Pfad erhellen."

Thor trat zu Jörd, küßt ihren bleichen Mund,
Aus ihrem Aug' sprach warme Mutterliebe,
Die frei sich löste aus des Herzens Grund.
O, daß der Blick in seiner Seele bliebe!
Der Mutterblick, der ihn herzinnig streift,
Des süße Sprache Thor so ganz begreift!
Das Liebessein, das Frauenseelen schmücket,
Ist Urlichtglanz, der fort und fort beglücket.
Weh jedem Weib, das seine helle Glut
Nicht heilig hält als makelloses Gut,
Denn Frauenliebe, echt befund'ne, reine,
Gleicht fleckenlosem, schönstem Sonnenscheine.

Zu Boden neigte Jörd ihr Angesicht,
Und Odin hielt sie trauernd in den Armen,
Doch ihrer Liebe Macht gelang es nicht
An seiner Brust noch einmal zu erwarmen.
Die Lüfte zogen nun so schwül und bang. –
Verlangsamt war und tief der Wolken Gang.
Wie leises Echo tönten hin und wieder
Hinsterbend schon der Nachtigallen Lieder.
Und grollend zog des Donners Weiheklang
Um's Sterbepfühl, – erhabner Grabgesang,
Der in das All hinrief die trübe Kunde
Von eines Götterfrühlings Todesstunde.

# Kampf mit den Wanen

Allvater verweilte, erfüllt von Gram,
Von den weisen Nornen umstanden,
In Walaskialf, als die Botschaft kam,
Daß die Wanen[72] zum Kampf sich verstanden.
Sie kämpften heiß mit dem Riesengeschlecht,
Erstarkten an Gier und stolz im Gefecht,
Und wollten zu Aller Verderben
Des Weltalls Herrschaft erwerben.

Sie jagten hinauf nach Asgards Höhn,
Entboten die Götter zum Streite,
Und Thor entfesselt' Orkan und Föhn,
Schwang Mjöllner, es flog in die Weite,
Lautkrachender Donner, zerschmetternder Strahl
Des Blitzes, der traf in Haufen zumal
Die wildanstürmenden Kämpfer,
Als mächtiger Streitlust Dämpfer.

Und die Riesen, erlöst vom Angriffs-Lauf,
Erschauten das markige Ringen,
Doch konnten sie nicht über Bifröst[73] hinauf
Den Wanen Beistand bringen,
Denn Bifröst hatten die Götter erbaut,
Mit himmlischem Naß die Farben betaut.
Lohfeuer war eingezogen,
In der Brücke schwingenden Bogen.

Das Feuer, das schürte Loki hinein,
Der Surtur heimlich ergeben,
Und sollt' es den Riesen hindernd sein,
Konnt Surtur Aufgang erstreben
Nach Asenheim; denn der Flamme Macht,
Eröffnet ihm Asgards goldene Pracht,
Und die Wanen das Feuer nicht bannte,
Sie waren ja Götterverwandte.

Das Kriegsgewitter verwundete scharf
Andringende Fechterscharen,
Die Wunden schmerzten, doch keine warf
Die Wanen auf Todesbahren.
Die Wunden heilten, voll blieben die Reihn;
Es flogen auf Brünnen die Pfeile ein
Wie Schloßen in wilden Wettern,
Sie konnten die Schar nicht zerschmettern.

Nun raubten die Wütenden, stark an Kraft,
Eichbäume und Kiefern dem Walde,
Es drang der Speere gewaltiger Schaft
In Berg und Felsenspalte.
Die Wanen ergriffen im Zorne der Schlacht
Die massigen Blöcke, sie schleudernd mit Macht,
Vermenget mit Urwelts Steinen,
Nach Asgards wonnigen Hainen.

Und wild und wilder entbrannte der Streit.
Die Sonne verbarg sich am Himmel,
Und Dämmerhelle zog weit und breit
Über rasendes Kampfgewimmel.
Die Riesen lauschten, hohnlächelnd gesellt,
Verwüstung drohte der Götterwelt,
Wenn Asen und Wanen gefallen,
Erstanden sie, Herrscher von Allen.

Da leuchtet's und schimmert's von Hlidskialf,
Im Goldhelm Odin erscheinet:
„Ihr Kämpfer, was Euch zum Kampfe verhalf,
Vom Weltgott wird es verneinet.
Ich schwinge Gnugnir, den grauen Ger[74],
Hinschleudernd den allunersättlichen Speer,
Erfüllt von unsäglichem Harme,
Und werfe Euch Hel[75] in die Arme."

„Wer stellte den Preis, um den ihr ringt? –
Die Herrschaft führet zusammen,
Daß Asen und Wanen ein Band umschlingt! –
Bedroht von der Zwietracht Flammen,
Wird alles Herrliche bald zerstört. –
Durch Riesenzauber verwirrt, betört,
Habt nutzlosen Kampf ihr begonnen,
Aus Streit sei Friede gewonnen."

Die Kämpfer, noch Kampflust im feurigen Blick,
Verlangten: „Ernenne Berater,
Sie sollen entscheiden unser Geschick,
Geleitet vom Göttervater!"
Und die Asen heischten: „Im goldenen Saal
Zu Gladsheim vollführe Odin die Wahl
Der Richter, und was sie erwogen,
Das werde gehorsam vollzogen."

Doch die Wanen riefen, erregt, im Zorn:
Nach Gladsheim woll'n wir nicht klimmen,
Wir wünschen den Richtspruch an Urdas Born,
Wo mit uns die Nornen stimmen,
Wo Mimir, aus seiner Quelle Grund,
Weissaget, was nützet dem neuen Bund,
Und seid Ihr damit nicht zufrieden,
Treff' Fluch Euren Götterfrieden."

Die Ader auf Odins Stirne schwoll:
„Erst kreuztet ihr funkelnde Waffen,
Doch schärfer ist Eurer Rede Groll,
Wer soll da Frieden schaffen?
Die hadernde Zwietracht hat Urzeit gesä't,
Weh Denen, die ihre Frucht gemäht!
Am Hader, ich sag es voll Ahnen,
Erkenn' ich meine Germanen."

„Vernehmt gleich hier das entscheidende Wort,
Das Runenschrift mir verkündet.
Tauscht Geiseln aus, daß fort und fort
Ihr enger gesellt, euch verbündet.
Daß nicht der Fluch, mit dem Ihr droht,
Schon jetzt verhänge Schmach und Not.
Baut mit mir des Tempels Hallen,
Wo Frieden und Freiheit wallen!"

„Ich biet' Euch Hönir, des Asenmut,
Des Asengeist ich kenne.
Wir tranken Einer des Andern Blut,
Daß nichts uns're Seelen trenne.
Blutbruder mir, für alle Zeit,
Sei Hönir dem Wanenstamme geweiht,
Er füge sich meinem Willen,
Das Orloggeheiß zu erfüllen."

Und Hönir beugt' sich, preßte die Faust
Um den Schwertgriff im herben Leide.
Wenn schreckliche Pein den Busen durchbraust,
Bohrt er tiefer das Schwert in die Scheide.
Blutbruderschaft erhob es zur Pflicht,
Daß er wortlos folgte Odins Gericht.
Mehr schmerzt es als gräßliche Wunden,
Daß der Gott Halbgöttern verbunden!

Da tönt es daher wie Schwanengesang,
Und stiller ward's in den Lüften,
Von Berghöhn zittert Friedensklang
Und Friede weht aus den Schlüften.
Niördr stieg, im grünen Gewand,
Mit dem Muschelhute, auf dessen Rand
Sich Reiherfedern wiegten,
Zu den Kämpen, den unbesiegten.

Und alle schauten den hohen Mann,
Den Männerfürsten der Wanen[76],
Der, seit Thor's Kraft die Welt gewann,
Aufrollte Friedens-Fahnen,
Beruhigt' das Meer, den wilden Orkan.
Nur Segen verkündet Niördrs Nahn,
Er wußt' in Ruhe zu halten,
Des Aufruhrs wilde Gewalten.

Und jetzo sänftigt sein kluges Wort
Die Krieger, die leise noch grollten:
„Als Geisel stell' ich mich selbst hinfort;
Ihr wißt, daß Liebe mir zollten
Die Reichsgenossen. – Nicht komm' ich allein,
Auch Freyja und Freyr soll'n mit mir sein,
Die Kinder an meiner Seite,
Zur Sühne nutzloser Streite."

Und Odin verkündete laut in's All
Den Bund der Götter und Wanen.
Thor sandte des Donners weltweckenden Schall,
Der rollt seine Sieges-Bahnen.
Lichtalfen jauchzten im frohen Verein.
Schwarzalfen und Riesen sah'n scheel darein,
Der Zwerge häßliche Klasse
Erbebte im grimmigen Hasse.

D'rauf schleudert den treffenden Hammer mit Wucht
Der Donnergott in die Weite,
Abgrenzend Länder, Meer und Bucht
In die Länge und in die Breite,
Gab jedem Stamm den eignen Sitz,
Umzirkt ihn mit feurig scheidendem Blitz,
Erteilte den Göttern, den starken,
Endlos der Germanen Marken.

Heiß wogte nun auf germanisches Blut,
Stolz hoben sich Sieges-Gedanken,
Erfüllten die Seelen mit göttlichem Mut,
Durchbrechend dämmende Schranken.
Die Feinde hatten sich friedlich gesellt!
Wer trug wohl noch einmal Krieg in die Welt,
Wo Sieg ward, trotz Neidern und Spöttern,
Unsterblich, germanischen Göttern?

E. Ph. Fleischer pinx. Fr. Bruckmann rep.

**Odin und Frigga**

# Odin und Frigga

Wer könnte Götterleben schildern,
Von sel'gem Frieden eingewiegt,
Wenn Stern an Stern mit gold'nen Bildern
Die lichtgedämpfte Nacht besiegt?
Wenn Luft und Quellen, traumversunken,
Berauscht vom Duft die Bahnen ziehn,
Und Schatten selbst, wie schlummertrunken,
Vor Asgards Mondeszauber fliehn?
Leis schreitet Wonne in den Hainen,
Wo Alles nur zur Lust erwacht,
Wo Augen leuchten, die vom Weinen
Nicht um den reinsten Schein gebracht.
Wo Duft und Glanz in Eins zerfließen,
Das Ohr die Harmonie versteht,
Die Urgeist's Atem Paradiesen
Verheißungsvoll hat zu geweht.
Wo Duft und Licht und Farb' und Klänge
Zum Weltakkord von ihm bewegt,

Und wundervolle Schöpfungssänge
Zu Weltalls Melodien erregt.[77]
Nicht Phantasie kann je ergründen
Den Reiz, der Asgards Auen schmückt,
Kein Mund die Wonnen je verkünden,
Die Götterdasein reich beglückt.
Doch alle Schönheit wird verdunkelt,
Wenn Odin naht dem heil'gen Hain,
Wenn hellen Strahles ihn umfunkelt
Des eig'nen Wesens Glorienschein.
Er schreitet zwischen hohen Bäumen,
Inmitten Nordlands Eichenpracht,
Da rührt und regt sich's ohne Säumen,
Als ob die Welt vom Schlaf erwacht.
Denn seines Schaffens Allgewalten
Durchfluten ihn wie Meereswell'n,
In's Leben treten als Gestalten
Gedanken, die dem Geist entquell'n.
Ein jeder Blick ist Werdens Werber,
Ein jeder Spruch ein Ruf zur Tat.
Gleich hoch zeigt sich der Weltenerber
Im raschen Handeln, wie beim Rat.
Und wandelt er, mit Göttern plaudernd,
Dann folgen alle seinem Wort;
Die Hohen lauschen, setzen zaudernd
Die Wand'rung durch die Haine fort.
Odin eröffnet weite Bahnen,
Des Seelenlebens reiche Welt
Erschloß ein unbegrenztes Ahnen
Der Macht, die Göttern zugesellt.
Nur Eines hielt er tief verborgen,
Des Trunk's Geschenk, das ihn erschreckt,
Das ihm den ros'gen Gottesmorgen
Schon früh mit Wolkenschatten deckt.
Doch wenn der Brust auch Schmerz beschieden,
Hat ihn das Leid nicht übermannt,
Auf seinem Hochsitz fand er Frieden,
Den Blick der Schöpfung zugewandt.

Er schaut vom Licht umfloss'nen Throne
Nun um und unter sich die Welt,
Die meerumschlung'ne Erdenzone,
D'ran Wellensehnsucht leis zerschellt. –
Und über sich die Sternenzeichen,
Des Urgeist's mächt'ge Runenschrift,
Sie rätselhaft in Himmels Reichen
Als ew'ges Gottgeheimnis schifft.
Doch dort, er kann es nicht ergründen,
Sieht er ein Sternbild oben ziehn,
Vereint drei Sterne[78], Strahlen künden
Urweltenlicht; doch Nebel schien
Wie Schatten Alles zu umgeben,
Verschwand nicht vor des Gottes Hauch,
Er hob sich, sank im leichten Schweben
Wie kleiner Wölkchen feiner Rauch. –
Was mocht' es sein? Die dunst'gen Schichten
Enthüllten sich, und wunderbar,
Dem Sterngebild, dem schönen, lichten,
Entfielen Fäden sonnenklar.
Und Odin sah im Sternenkreise
Ein schönes Weib am Rocken stehn,
Die Spindel schwingend, hold und leise
Die glänzend gold'nen Fäden drehn.
Und als er fest hinauf geschauet
Nach jenem heilerfüllten Ort,
Stand Runenschrift dort aufgebauet
Und hell entstieg ein Runenwort.
Es sann der Gott – da plötzlich flimmert
Ein Name auf im Dreigebild,
Und vom Orion niederschimmert
Frigga. Und „Frigga"! tönt es mild,
Wie heil'ge Feierklänge wallen
Hin durch des Äthers reinen Duft,
Und wie aus eines Tempels Hallen,
Umwogt von freier Himmelsluft,
Schritt Frigga durch Orions Zonen.
Da glitten Wolken auf und ab,

Sie glichen schimmernd reichen Thronen
Und trugen sie zum Meer hinab.
Auf einer Insel zeigt sich glänzend
Smaragdgrün leuchtend ihr Palast,
Perlengewinde Fensal[79] kränzend,
Gehalten vom Korallenast.
Und Bernsteinkerzen rings erhellten
Auf Muschelträgern Frigga's Saal,
Und zarte Schimmer sich gesellten
Dem halbverhüllten Lichterstrahl.
Tautriefend eilt in Wasserwogen
Hrimfaxi, müde war die Nacht;
Glutmähnig führt im weiten Bogen
Den Tag Skinfaxi; kaum erwacht,
Warf er verschwendrisch Prachtgeschmeide,
Des' Schönheit jedes Sein beglückt.
Natur erstrahlt im Sonnenkleide,
Das reich und wundervoll geschmückt.
Es war, als hauchten hier die Lüfte,
Von Rosenblüten ganz durchweht,
Betäubend wonnevolle Düfte,
Als schaukelt' buntes Blumenbeet
Der leise Wind, doch waren's Wellen,
Schaumköpfchen tauchten spielend auf
Und brachten ihren Gischt, den hellen,
Im Sprudeltanz zu rascherm Lauf.
Da grüßt' aus wirrem Schaumgewimmel
Ein lieblich Rosenblüh'n heraus,
Und Rosen glühten an dem Himmel
Und Rosen schmückten Friggas Haus.
Und zwischen Rosen sanft gebettet
Ruht Frigga selbst im weiten Saal,
Und Rosen bargen, dicht verkettet,
Die hohe Wölbung am Portal.
Und Odin, ganz erfüllt vom Segen
Des Wunders, das sich ihm erneut,
Fühlt an des Herzens raschen Schlägen
Ahnung des Heils, das Zukunft beut.

Er wagt's die Blumen aufzubinden,
Kühn trat er in den prächt'gen Saal;
Und als sich ihre Blicke finden
Glüht auf der Liebe Feuerstrahl.
Und Beider hoher Geist erkannte,
Daß Eins dem Andern schon geweiht. –
O seelig, wem die Liebe sandte
Des Götterglückes Herrlichkeit!
Ein Jeder trug in sich verborgen,
Was Segen schuf dem andern Sein;
Ein ungeahnter Zukunftsmorgen
Erstand voll heilig güld'nem Schein. –
Sie waren ja zwei Gottesflammen,
Die nur durch Zeit im All getrennt,
Die Gluten schlugen nun zusammen,
Ein nie zu scheidend Element.
Sie fühlten, wie des Blutes Quelle
Vom Geist belebt, sich mächtig regt,
Und wie des Herzens rasche Welle
Glück hoffend, liebeatmend schlägt.
„Folg' mir", rief Odin, „daß wir Stunden
Nicht bitterm Trennungsschmerze weihn,
Wie beide Seelen schon verbunden,
Geliebte, laß vereint uns sein.
Ich führ' Dich über Bifrösts Bogen,
Vor uns entfleugt mein Königs-Aar;
Nie sahen Meer und Wolkenwogen
Wie Dich und mich ein herrlich Paar!" –
Und Frigga naht ihm ohne Säumen,
Vertraut dem Gott, der sie erhebt,
Des' Sein ihr stets, im Wachen, Träumen,
Als Mannes Urbild vorgeschwebt.
Und Odin raubt von ihrem Munde
Den ersten heißen Liebeskuß,
Da flog durch's Weltenall die Kunde
Vom glückberauschten Weihegruß.
Frigga war Wonnelust-versunken,
Als sie an seiner Brust geruht,

Als sie von seinem Mund getrunken
Des Götteratems Lebensflut.
Er führt' sie hin nach Asgards Hügeln,
Hoch über Bifrösts Feuersteg.
Umwallt von Frührots Flammenflügeln
Durch Silberwölkchen führt der Weg.
Und oben stand im Prachtgewande
Heimdall, er stieß in's Giallarhorn,
Als Wächter an dem Brückenstrande,
Doch kündete der Klang nicht Zorn.
Er fordert Götter zum Erscheinen,
Als Lustgenossen dieses Tags,
Sich Odin, Frigga zu vereinen
Zur Weihe hohen Festgelags.
Sie kamen Alle zu der Feier,
Es floß das Äl in Strömen hin
Und Skalden sangen zu der Leier
Worte von tiefem, heil'gen Sinn.
Und Bragi ließ die Harfe klingen,
Ihr Ton war glückerfüllt und weich,
Als ob er auf des Windes Schwingen
Herzöge aus dem Himmelreich.
Als ob von einem Chor von Geistern
Geweihet würd' ein herrlich Lied,
Das schmeichelnd, wie Gesang von Meistern,
Zu Odins Fest die Nacht beschied.
Als d'rauf zu Walaskialf verhallte
Der Freude Lärm und schlummervoll
Auch Asgard ruhte, da entwallte
Das Paar zum Hain; und reich entquoll
Des Sommers Hauch, der allbelebend
Der Schöpfung Keime warm begrüßt.
Ein Abend war's, wo sanft erbebend
Der Sterne Glanz die Blumen küßt.
Sie schritten langsam, armumfangen,
Von Götterliebe ganz durchglüht,
Eins in dem Andern aufgegangen
Von Rosenlust und Glück umblüht,

Im weltvergessenen Vereine,
Durch Buchengang und Eichenhain.
Im still verschwiegnen Mondenscheine
Genossen sie ihr Glück allein.
Und leis verhallten ihre Worte –
Doch niemals hat ein Mund erzählt,
An welchem hoch geweihten Orte
Odin und Frigga sich vermählt.

# Goldnes Zeitalter

Steig' leuchtend auf im Purpurwolkensaum!
Noch einmal sei an's Licht herauf beschworen
Du Spiegelbild, du sinndurchsprühter Traum,
Den eines Volkes Geist sich auserkoren,
Das alles Große, was das Sein erhob,
In seine hehre Götterwelt verwob.
Stolz blick' mein Volk auf Deine ält'sten Ahnen,
Die Götter waren ja, wie Du, Germanen.

Als Richter nicht und nicht als Krieges-Held,
Ergeht an Dich der Ruf, dem Sang zu lauschen;
Er lockt Dich hin zu einer heitern Welt,
Wo Nordlands Lüfte durch die Wälder rauschen.
Hörst Du den Klang? Umweht von einer Zeit,
Die längst begraben in Vergangenheit,
In der nur heiß des Sängers Sehnsucht lebt,
Und sie nochmals zur Gegenwart erhebt.

Noch stürmt der Tod nicht in der Götter Reih'n,
Kein Schmerzensseufzer klang durch Windes Wehen!

E. Ph. Fleischer pinx. Fr. Bruckmann rep.

Goldenes Zeitalter

Gebroch'ner Herzen unsühnbare Pein
Und feiler Schwüre fluchbelad'nes Flehen
Vergiften nicht das ungefälschte Sein.
Frei strömt, Kraft spendend, frisches Leben ein
In Waldgebiete, wo die Wasser wogen,
Und teilt mit Macht die finst'ren Nebelwogen.

Fern weilte Lüge, – dieses Truggespenst
War nicht in hoher Götter Sinn gedrungen;
Noch stand der Kelch voll Pesthauchs unkredenzt,
Und Wahrheit wohnt erhaben, unbezwungen
In ihren Seelen. Unbeirret kreist
Nach Edlem strebend der Gewalt'gen Geist.
Und harmlos wiederum, wie Kinder leben,
Vermochten sie der Lust sich hinzugeben.

O, wundervolle, nicht getrübte Zeit,
Wo ungeboren Neid und Habgier schliefen,
Wo munt're Laune, laut're Heiterkeit
Zu neuem Scherz die frohen Lauscher riefen;
Wo Jeder sich am Andern höchlich freut
Und eig'ne Kunst den Freunden willig beut,
Wo Haß und Zorn noch ungefühlt, verborgen,
Und Dasein hinrollt ohne Gram und Sorgen. –

Auf Idafeld, vom Schaffens Ernst befreit,
War's, wo die Götter sich zum Spiel gesellten.
Die gold'nen Würfel[80] flogen weit und breit,
Und wenn sie rasch die gold'nen Scheiben[81] schnellten
Nach prächt'gen Bäumen, deren grünes Haupt
Der reichste Zweig und Blätterschmuck umlaubt,
Erschallte Lachen, wenn verfehlte Ziele
Verrieten ungeübte Hand beim Spiele.

Wenn d'rauf im Wettlauf sich der Glieder Pracht
Voll schönsten Ebenmaßes ausgewiesen,
Die vollen Haare, von den Winden sacht
Empor gehoben und durchwühlt, umfließen
Den schlanken Hals; die Wangen purpurgleich,
Die Augen glänzen, feurig, wonnereich,
Wenn Übermut dann Jugendreiz verschönte,
Vergaß selbst Odin, daß ihn Kummer höhnte.

Doch höher stieg die gottempfund'ne Lust,
Wenn sich zum Ringkampf die Genossen fanden,
Geschmeid'gen Leibes, kämpfend Brust an Brust,
Mit muskelstarken Armen sich umwanden.
Wenn rüst'ge Kraft, mit stolzem Sinn gepaart,
Ehrgeiz entfacht, doch Ehrgeiz edler Art, –
So warben sie um Sieg und Siegeszeichen
Und um den Ehrenkranz von Asgards Eichen.

Und Asgards Frau'n mit Götterreiz geschmückt,
Sie freuten sich des froh erregten Lebens.
Tauhell ihr Blick, von keiner Schuld berückt,
Bewußt des Ziel's und ihres heil'gen Strebens,
Allüberall nur wahres Glück zu weihn,
Das Frauenliebe einzig nur kann leihn,
Die opferwillig sich zum Dienst begeistert
Für And'rer Wohl, und Selbstsucht streng bemeistert.

Und wenn vom Spiel, das heit'res Mal gewürzt,
Nach gutem Trunk der Ruh die Asen pflegten,
Begann der Frauen Lust, die, leicht geschürzt,
Im muntern Tanz auf Wiesen sich bewegten.
Den weichsten Teppich bot die grüne Flur,
Darein die Hand der schaffenden Natur
Viel Blumen wirkte, bunt und voller Schöne,
Denn Asgard bot die reichsten Farbentöne.

Sie schwebten leicht durch feinen Weltenstaub,
Der frei entwich von Meteoren, Sternen,
Die, der Vernichtung zugefall'ner Raub,
Zerbarsten hoch in ungemess'nen Fernen.
Wie schimmert's, wenn der Staub das Licht umflog,
Gleich glüh'ndem Dunst die Sommerluft durchzog;
Dann ließen sie sich gern von ihm umfangen,
In gold'nen Schleiern schöner noch zu prangen.

Am hellen Tag vermochten sie zu schau'n
Das Firmament in seinem zarten Glanze,
Die Blicke trugen weit durch Himmels Au'n,
Erkannten Stern an Stern im Silberkranze;
Zwar schimmerbleich und doch so wonnig mild,
Ein unbeschreiblich großes Schöpfungsbild.
Und rings ertönten, friedlich Glück zu preisen,
Der Nordlands Vögel munt're Sangesweisen.

In Waldeshallen standen hoheitvoll
Prachtvolle Säulen auf den Wurzelstufen;
Aufstrebend, boten sie den reichsten Zoll
Des Dankes dar, den Mächten, die sie schufen.
Weich schmiegt sich Moos, tautrunken, Perlen gleich
Um Baumesgrund in diesem Götterreich.
Den Säulenschaft bedeckt die Blätterkrone,
Dem Wurzeltrieb, der Nahrung bot, zum Lohne.

Auf klarem Weiher, den kein Lüftchen rührt,
Von Farrenkraut und hohem Schilf geborgen,
Niördr folgend, der ihn hergeführt
Als Weihgeschenk an seinem Göttermorgen,
Erschien der Schwan, beim ersten frühen Rot
Durch Lilien gleitend, die das Wasser bot;
Die Wolken lauschten, wähnend daß als Wunder
Im Weiher tauchten Wölkchen auf und unter.

Doch nicht nur Asgard, auch das weite Meer,
Wenn seine Fluten schwellend sich erhoben,
Bot Göttern Lust; Skidblatnir trug sie her
Zur Abendzeit, wenn Sonne glutumwoben
Den Feuerwagen in die Wellen lenkt,
Wenn leis das Ruder sich in's Wasser senkt,
Und Niördr Meergewalten hielt gebunden,
Bis heil'ge Ruh das ganze All gefunden.

Dann schiffte Odin wohl zum Inselstrand,
Frigga mit ihm, sie stiegen aus dem Schiffe
Und schritten langsam zwischen Ufersand
An Buchten hin, durch Ulmenhain' und Riffe
Zu Frigga's See, wo hoch der klaren Flut
Fensal entstieg, umhaucht von Sommers Glut,
Wo Schilf und Binsen Schwan und Möwe hüten,
Die sturmgeborgen in dem Röhricht brüten.

Dort weihten sie Gedanken jener Zeit,
Wo liebend sich zuerst die Herzen fanden,
Es wuchs des Glückes inn're Herrlichkeit,
Je länger sie zur Einheit sich verbanden.
Denn Lieb' ist nicht, was man nur Liebe heißt
Und staubgeboren, nied'res Sein durchkreist,
Die geist'ge Liebe wird durch Kraft der Schwingen,
Auf Gimils Höhn[82] den Götterpreis erringen. –

Wenn Odins Schiff vom Ufer wieder stieß,
Auf Purpur gleitend, abendrotumflossen,
Dann tauchten auf im Panzerschuppenvließ
Meerungeheuer; Wasserstrahlen schossen
Aus ihrem Schlund; gebannt durch Odins Blick
Enteilten sie, von Furcht erfüllt zurück.
Vermocht' sein Auge Seligkeit zu wecken,
Bracht's, wenn er zürnte, Feinden Todesschrecken.

Die gold'ne Zeit, die Alle hoch erfreut,
Nahm Odin nicht der Seele herbe Schmerzen.
Denn wenn Erkenntnis reichen Segen beut,
Trägt Zukunftswissen Qualen in die Herzen.
Verschweigen wollt' er Frigga seine Pein,
Die Heißgeliebte sollte glücklich sein. –
Und nun erriet sie durch der Liebe Ahnen,
Daß ihn erfüllt des dunkeln Schicksals Mahnen.

Die Seele Frigga's hielt im tiefen Grund
So edle Schätze, reichen Trost verborgen,
Daß geistvermittelnd, segensvoll ihr Mund
Oft sprach, was Lind'rung brachte seinen Sorgen.
Dann fühlt' er wieder seiner Gottheit Lust,
Wie sie zuerst als Gott ihm ward bewußt.
Seit Frigga's Liebe ihm das Herz begeistert,
Ward Odins Gram durch ihre Huld bemeistert.

Frigga sah Alles[83], was im Zeitenschoße
Noch schlummernd lag, doch hütet sie's verborgen;
Es galt zu schmücken ihres Gatten Los,
Zu zaubern einen heitern Sonnenmorgen.
Denn früh genug erstieg der droh'nde Tag,
Der flammensprühend noch im Fernen lag, –
Den Orlogschluß, als unbarmherz'ger Richter,
Im Zorn erwählt zum Götterweltvernichter.

Der Seele Ruh, die Odins Geist geflohn,
Vermochte Frigga ihm zurück zu bringen.
Der Zukunft Schrecken sprach sie lächelnd Hohn,
Wußt um den Abgrund Rosenpracht zu schlingen.
Glückselig Weib, das so den Mann beglückt,
Selbst schwermutvoll der Schwermut ihn entrückt,
Und während Elend ihre Blicke sehen,
Die Gegenwart ihm schöner läßt erstehen!

So spann die frühe, wundervolle Zeit
Nur gold'ne Fäden in das Götterleben.
Schuldloses Dasein schien vom Glück geweiht.
Kann doch nur Unschuld wahren Frieden geben;
Denn wer der Unschuld Wächter nicht entließ,
Bewahrt sich fort und fort das Paradies. – –
Im Weltbrand brach vernichtet Schuld zusammen,
Unschuld erstand im Licht der Gottesflammen.

# Loki

## und die sechs Kunstwerke der Zwerge

Wenn auf das Weltall Odins Blick gewandt,
Das große Ganze sinnend überschauend,
Drang allerforschend, ordnend sein Verstand
In jeden Teil, ihn fördernd, weiter bauend.
Vom Göttersitz sah er zum Himmel auf,
Sein Auge streift des Meeres freien Lauf,
Den Erdstern sucht' er und die Erdbewohner,
Als weiser Richter, guter Tat Belohner.

Das Menschenvölkchen war ihm herzlich lieb.
Sie waren's, die das Ackerland besä'ten,
Der Welt sich freuten und im Fleißestrieb
Den Grund verschönten, seine Früchte mähten.
Er lobt ihr Wirken und erteilte Rat;
Thor zeigt sich huldvoll, segnet ihre Saat,
Hieß milder hier die wilden Wetter walten,
Wo Schutz nur boten Baum und Felsenspalten.

Einst klagten sie, daß sie von Furcht gequält,
Weil Surtur mit den Riesen sich versöhnte
Und Feuer gab, das noch den Menschen fehlt.
Darob das Zwerggeschlecht sie lachend höhnte,
Ja, Waffen weigert, die's den Riesen leiht,
Damit sie streitbar seien zu der Zeit,
Wo Surtur rufen wird zum Weltenkriege,
Daß seiner Macht das Götterreich erliege.

Auf Thor schaut Odin, wies zum Sonnensitz,
Der hohe Sohn verstand des Vaters Wollen,
Entfesselt machtvoll den gewalt'gen Blitz,
Doch nicht begleitet von des Donners Rollen.
Aus Erdgrund schlug ein Feuerstrahl empor,
Des Flamme hoch in Lüften sich verlor.
Vor Göttermacht die Menschen zaghaft flohen,
Und sah'n entsetzt des Feuers rasend Lohen.

Doch Odins Wort beruhigt ihren Sinn.
„Seht her, wie Thor das Ungeheuer zügelt.
Besitz des Feuers bringt nicht stets Gewinn!
Zum Weltbrand wächst's, von böser Lust beflügelt. –
Doch wird vom Geist der heil'ge Schatz bewacht,
Gibt Feuer Euch noch ungeahnte Macht.
Wer Wasser, Feuer sich zum Dienst gewonnen,
Dem öffnen sich der Schöpfung reichste Bronnen."

Aufmerksam lauschte rings der Menschen Schar,
Sie kamen näher, voller Vorsicht näher.
Dem Zug voran schritt ein verweg'nes Paar,
Das schon gelernt die Kunst der list'gen Späher.
Da griff neugierig in der Flamme Brand
Ein Mädchen ein; erschreckt zog sie die Hand

Zurück, nicht wissend, daß aus Flammen
Jeglicher Art auch große Qualen stammen.

Das Feuer blieb der Menschen heil'ges Gut.
Sie hielten hoch, was Odins Gunst beschieden.
Es wuchs die Kraft mit dem erhöhten Mut,
Seit sie Gerät und Waffen konnten schmieden;
Seitdem sie wußten, daß des Blitzes Glut
Im Flammenschein, wie in der Wolke, ruht.
Daß, seit sie Wasser, Feuer, dienstbar fanden,
Sie mehr und mehr den Göttern sich verbanden.

Voll Neid ersah aus dunklem Erdgebiet
Das Zwerggeschlecht der Flamme Aufwärtsglühen.
Als Gottgeschenk ihr kluger Sinn erriet
Der Feuergarben machtverheißend Sprühen.
Sie krochen vor aus Riß und Erdenspalt,
Den dicken Kopf vom strupp'gen Haar umwallt,
Erzwingend Lächeln; doch die hohen Götter
Durchschauten List und Trug mißgünst'ger Spötter.

Iwaldis Söhne[84] hatten einst den Spieß
Gungnir, den scharfen, der die Feinde bändigt,
Der schnelles Ende jedem Kampf verhieß,
Dem Göttervater willig eingehändigt.
Auch bauten sie das Schiff[85], das fahrtbereit
Den Fahrwind mit sich führte jeder Zeit,
Und das der Eig'ner also konnt' gestalten,
Daß er es barg in des Gewandes Falten.

Als Lokis Sinn einst übermütig war,
Und innen feind dem großen Donnergotte,
Belauscht' er heimlich, wie das blonde Haar
Thor's Weib[86] sich flocht in kühler Felsengrotte.

Durch Messerschnitt hat er vom schönen Haupt
Der hohen Frau den reichen Schmuck geraubt.
Bekannt' sein Tun den Asen frei und offen,
Sich rühmend, daß er Thor in's Herz getroffen.

Und Thor, grimmvoll erwägend das Geschick,
Ergriff den Täter schnell entbrannt zur Rache.
Wie Wetterleuchten zuckt's aus seinem Blick,
Ersticken sollt' in seines Blutes Lache
Der schöne Loki. Raschen Sprung's, gewandt,
Entzog der List'ge sich des Gottes Hand,
Und schwur, so prächt'ges Haar der Frau zu geben,
Daß jede Göttin neidisch sollt' erbeben.

Iwaldis Söhne sucht er eilend auf,
Er kannte schon den Ruf, den sie genossen;
Die schufen Goldhaar, köstlich wallt' sein Lauf
In sanften Wellen, die Sifs Hals umflossen,
Zum Grund hinab, lichthell wie Sonnengold.
Nie sah der Gott das Weib so schön, so hold,
Und er vergaß im trunkenen Entzücken
Des argen Loki neidisch falsche Tücken.

Vor jener Zeit gab Lokis mächt'ge Gunst
Sich untertan das Zwerggeschlecht zu machen,
Das schaffend noch im Schlamm und Wasserdunst
Gar elend lebte in der Erde Rachen,
Den Feuerbrand. Aus Schmiedeessen raucht
Und sprüht's bald auf, und aus dem Feuer taucht'
Manch' schönes Werk, Goldbrünnen, scharfe Waffen
Und Erzgerät, durch klugen Sinn erschaffen.

Und damals war's, als Gungnir, Schiff und Haar
Iwaldis Söhne meisterlich vollendet;

Als Loki, der stets toller Laune war,
An Sindris Bruder Brock sich hat gewendet:
„Hör' Zwerglein an, wenn Sindri auch geschickt,
Hab' ich von seinen Werken nichts erblickt,
Das Iwald's gleicht; ich setz' den Kopf zum Pfande,
Sindri bringt gegen diese nichts zu Stande."

Da lodert auf des kleinen Mannes Zorn:
„Die Wette nehm' ich an, hochmüt'ger Prahler,
Der Preis dein Kopf, fürwahr ein scharfer Sporn
Zu Sindris Arbeit, sicher wirst Du Zahler.
Denn glaube mir, was Du voll List ersinnst,
Daß Du beim Spiele diesmal nicht gewinnst.
Wenn Sindris Geist das Werk hat ausgeführet,
Entscheide Odin, wem der Preis gebühret."

Und Sindri, der sich schwer beleidigt fand,
Ersann ein prächtig schimmernd Kunstgebilde,
Den gold'nen Eber, den des Künstlers Hand
Mit Borsten schmückt', die leuchtend wie vom Schilde
Der Sonne strahlten. Und der Eber eilt –
Flugschneller als ein Roß die Luft zerteilt –
Die Bahnen hin, zu Wasser und zu Lande,
Sei's über Felsen, sei's auf weichem Sande.

Auch einen Ring von reinem roten Gold
Erfand der Zwerg; vom Reife tropften nieder,
Sobald die neunte Nacht in's Meer entrollt,
Acht gleiche Ringe voller Zauberglieder.
Das Höchste aber, das er ausgedacht,
Schloß in sich ungeahnte Kraft und Macht.
Thors Hammer war es, der Besitz-Erringer,
Der Ehe Segner, Bösem Unheilbringer.

Den Ring[87] bot Brock dem Göttervater dar.
Um Gullinbrustis[88] tollen Lauf zu zügeln
Erwählt' er Freyr[89], der einst, nicht zügelbar,
Verführt durch Neugier, klomm von Asgards Hügeln
Nach Hlidskialf, wo damals ihn entzückt
Ein herrlich Weib, des Schönheit ihn berückt.
D'rum daß er seinen Frieden wieder fände,
Gab Brock den Eber jetzt in Freyrs Hände.

D'rauf ward den Asen Alles vorgelegt,
Kleinode, die Iwaldis Söhne schufen
Und Sindris Werke. Als sie Rat gepflegt,
Verkündet Odin von des Thrones Stufen
Als bestes Gut den Hammer, dessen Kraft
Thor Sieg verheißt, ihm größ're Macht verschafft,
Als Waffe dient Hrimthursen zu bekämpfen,
Und ihre Lust am bösen Streit zu dämpfen.

Auf Zauberschuh'n[90] flieht Loki eilig fort,
Thor folgt ihm nach und hat ihn bald gefangen.
Doch fehlt dem list'gen Loki nie das Wort,
Schlau war sein Sinn, d'rum sprach er ohne Bangen:
„Hör Thor, verwettet hab' ich nur den Kopf,
Doch nicht den Hals und wenn der Zwerg, der Tropf
Den Hals nicht schäd'gend, mir den Kopf entführet,
Trifft mich gerecht, was meinem Tun gebühret.

Doch bei dem ersten Tropfen roten Blut's,
Das aus des Halses warmen Adern rinnet,
Erfaß' ich Brock und werf' ihn frohen Mut's
In Schmiede-Glut, daß Sindri nochmals sinnet,
Wie aus der Esse feuersprüh'ndem Schlot
Ein Kleinod steigt, auf Meisters Machtgebot.
Doch mein ich, daß ein Werk aus Brock geboren,
Dem Nichts verwandt, geht in der Glut verloren."

Hei, wie der Spott die kleinen Zwerge kränkt!
Sie wollen Lokis Mund mit Riemen schließen,
Als Brock das Messer an die Lippen lenkt,
Schien's, daß sie kraftvoll es zurücke stießen.
D'rauf griff nach einer Ahle seine Hand
Und bohrt hinein so sicher und gewandt,
Daß Jeder glaubt für immer nun verhallet
Der Sprache Strom, der oft so frech erschallet.

Doch Loki, als ein Kritiker von Fach
Weiß, daß ein solcher mundtot nicht zu machen.
An seiner Zunge jede Fessel brach
Und lauter tönt sein spotterfülltes Lachen.
Er kündet frech, daß selbst zu jener Zeit,
Wenn Alles auch dem Untergang geweiht,
Das Götterreich im Feuer stürzt' zusammen,
Kritik noch kritisiert des Weltbrands Flammen.

Odin erkannte seiner Gottheit Feind,
Den Gegner alles Werdens und Geword'nen,
Den Geist, der, was nicht in ihm, stets verneint,
Der nur zersetzt', zerstörte statt zu ordnen;
Der sich den Riesen mehr und mehr verband,
Im Wesen doch den Zwergen näher stand,
Gewillt des Urteils Spitze stets zu schärfen,
Lobredner nicht, doch Meister im Verwerfen.

Odin erzürnt's, daß ihn nicht Allmacht ehrt;
Gedanken konnt' er lesen, doch nicht leiten.
Der Feinde Kraft, die wachsend sich vermehrt,
Sie mußte bald zu Taten sich erweiten.
Wer schuf ihn so, hat seine Macht beschränkt?
Sein Gottbewußtsein schaffend schon gekränkt? – –
Des Urgeists Gnade, die so unermessen,
Hat er, vom stolzen Wahn erfüllt, vergessen.

Und wenn die Riesen seiner Herrschaft droh'n,
Wenn Surturs Söhne kämpfend Sieg erstürmen,
Wenn überall die Flammenfackeln loh'n,
Möcht' er die Welten auf einander türmen;
Ergründen, wo des Allumspanners Geist
Für ihn erkennbar, in der Schöpfung kreist.
Und droht der Weltbrand Odin zu verschlingen,
Wagt er's den Urgeist selbst zum Kampf zu zwingen.

# Loki's Rat

## Baldur's Geburt

Längst war erbaut, mit Schilden überdeckt
In Gladsheims Rund Walhallas weite Halle.
Ein hoher Saal, von Speeren rings umsteckt,
Gab Raum für Helden, die des Streithorns Schalle
Gehör geliehen, die der Kampf gefällt,
Und denen Tod die Angriffslust vergällt.
Walkyren führten sie auf weißen Rossen
Vom Kampfplatz fort, fern treffenden Geschossen.

Am Eingangstor, hoch oben am Portal,
Erschienen, wohlgeformt und groß im Bilde,
Die Wappentiere Odins, seine Wahl
Führt Wolf und Adler im erhab'nen Schilde.
Wenn eingekehrt die Toten in den Raum,
Erwachten sie zum Leben, wie aus Traum,
Um dann nach wildem Kampf und bitterm Sterben,
In Walhalls Saal um Siegespreis zu werben.

Ein prächt'ger Hain umzog den Götterbau,
Mit gold'nem Laub war jeder Zweig behangen.
Hier kämpften Asen unter Himmelsblau,
Um mehr an Kraft zu Kämpfen zu erlangen,
Wenn Riesenzorn zur Kriegeswut entfacht
Und nochmals Streit um Weltbesitz erwacht.
Es galt den Mut zum höchsten Maß zu bringen,
Und Tod verachtend Ehre zu erringen.

Auch Loki, der in Jotunheim[90] oft weilt,
Stellt sich zuweilen ein beim Fechterspiele.
Am Ringen hat er niemals sich beteilt,
Er blickte nur auf Waffen, auf die Ziele,
Die Eschenspeer[91] und Ulmenbogen wählt,
Auf Schilde, die vom Lindenholz geschält,
Und lächelt still, denn in der Erde Kreisen,
Da schufen Zwerge Waffen schon aus Eisen.

Aus seiner Ruh' durch Frager aufgeweckt,
Rief er: „Die Art des Kampf's von Euch geführet,
Hat mich belustigt, doch zugleich erschreckt,
Denn solchem Treiben nimmer Sieg gebühret.
Die höchsten Götter, die schon kriegbewährt,
Sind ferne. Während Thor nach Osten fährt,
Unholde schlagend, die dort stürmisch walten,
Schaut Odin sinnend auf der Welt Entfalten."

Gleich einer Flamme traf's den Asenkreis.
„Loki hat Recht, zu Odin woll'n wir eilen.
Es schweigt der Gott, den allerkennend weiß
Ein Jeder hier, er soll uns Rat erteilen.
Sonst nahm er selbst den Wurfger in die Hand,
Am straffsten hat den Bogen e r gespannt,
Jetzt hält er stolz mit Frigga sich zurücke,
Der mächt'ge Gott schwelgt noch im Liebes-Glücke."

Sie brachen auf, und Loki folgt den Reih'n.
Weltklugen Sinn's, berechnend stets als Denker,
Wollt er befreundet Asen, Riesen sein,
Erforschen was im Geist der Götterlenker
Für Zukunft plant. Des Feuers Element
Durchglüht ihn, seine Leidenschaft entbrennt.
Könnt' er vernichten doch mit einem Streiche
Die Herrschaft Odins, Asgards Götterreiche.

Und Odin hört der Asen Reden an,
Unmut erfaßte seine starke Seele.
„Ihr folgt dem Ruf, den Loki Euch ersann
Und tadelt mich, weil ich beim Ringkampf fehle,
Doch gilt's erwägen in der Friedens-Zeit,
Daß unser Reich vom Kriege sei befreit,
Daß Kraft uns wächst und niemals wir erzittern,
Vor näher zieh'ndem Sturm und Ungewittern."

Mit schlauem Blick nahm Loki d'rauf das Wort:
„Verzeihe Gott, wenn ich mich dreist erkühne
In Deinem Saal, am hochgeweihten Ort
Zu sprechen; doch der Rede off'ne Bühne
Ist überall, wo Wahres man verficht,
Wo eines Freundes wohlerwog'ne Pflicht
Den Schleier vom verborg'nen Unheil hebet
Und zeigt, was drohend in der Zukunft schwebet.

Erbauen laß um Asgards weites Rund
Die feste Burg, die gegen Ansturm schützet.
Vereint sich Surtur einst dem Riesenbund,
Steht fest das Werk, das Deinem Reiche nützet.
Ich kenn' den Meister der es wohl vollführt,
Kenn' auch den Preis, der seinem Tun gebührt,
Und stimmst Du ein, bleibt ihr fortan geschieden
Von jedem Feind und wahrt den Götterfrieden."

Odin erhob sich von dem gold'nen Thron
Und ließ die Blicke rings im Kreise schweifen.
Sein Auge sprüht, des Zornes Flammen loh'n,
Zum Wurfger schnell und fest die Hände greifen.
Dann rief er laut, daß Walaskialf erbebt:
„Wenn Zweifel Ihr an eig'ner Kraft erhebt,
So baut die Burg, doch seid Ihr dann verloren,
Ich geb' Euch auf, entmannte, feige Toren.

Doch seid Ihr nur durch falsches Wort betört.
Nicht Mauern sollen Götterhaine schützen.
Fluch Lokis Wort! Ein Frevel unerhört
Ist uns gescheh'n. Die Schwerter lasset blitzen.
Die Asenkraft sei unser Mauerwall,
Nur Asenmut wahrt Asen vor dem Fall.
D'rum laßt erstarken Eure Streitgedanken,
Und Götterzorn halt' Riesenzorn in Schranken.

Loki, mit Dir lös' ich Blutbruderschaft.
O, hätt ich Frieden nie mit Dir geschlossen!
Verflucht sei jeder Tropfen von dem Saft,
Den Du in meine Adern hast ergossen!
Du flößtest Haß mir gegen Surtur ein,
Und doch belebte mich der Flamme Schein.
Aus Wasserflut und Muspels Feuerfunken,
Hat ja das all das Lebenssein getrunken.

Weh über uns! Urkräfte sind entzweit,
Und Rache wird so lang die Welt bemeistern,
Als fort sich wälzt der neidgeschürte Streit,
Blutfordernd von des Krieges wilden Geistern;
So lang, bis Feuer sich dem Wasser ein't,
Und Frieden schaffend beider Macht erschein't,
So lang bis Zwietracht aus den Seelen schwindet,
Bis Haß und Liebe Weltversöhnung findet!" – –

Als Odin schwieg, da flatterte empor
Das Rabenpaar. – Es nahten sich die Nornen. –
Der Vögel Zaubersang schlug an sein Ohr.
Wollt' ihn der Urgeist schon zum Kampfe spornen?
Die Nornen trugen Zweige in der Hand.
Skuld sprach, das Haupt zu Odin hingewandt:
„Noch ist das Reich der Götter nicht verloren,
Dir ward ein Sohn als Friedens-Gott geboren."

Dem Nornen-Wort folgt Frigga, leicht im Arm
Das schöne Kind. Der Glanz des Angesichtes
War lieblich mild, der Blick so voll und warm,
Doch rätselhaft, als ob des Sonnenlichtes
Hell gold'ne Glut bis in die Tiefen trieb
Und ihm in's Aug' mit Sternenrunen schrieb,
Träume von Lust, von Götterseligkeiten,
Von Weltalls Glück für alle, alle Zeiten.

# Der Verrat

In Wonne jauchzt, im freudigen Entzücken
Die weite Welt, seit Baldur friedlich waltet.
Er lebte nur um spendend zu beglücken,
Und was er schuf, war anmutvoll gestaltet.
Schien jedes Herz doch Liebe zu berücken,
Weil Liebe nur sein edler Geist entfaltet.
Die Seligkeit, die seine Brust erfüllt,
Hat er, hingebend, güt'gen Sinn's enthüllt.

Durch zartes Dunkel glitt des Mondes Wagen,
Und hell'rer Schein umflutet alle Zonen,
Den Sonnenstrahl durchzittert leises Zagen
Vor Baldurs Glanz, ausgeh'nd von Asgards Thronen.
Im Lebenskreis verstummten alle Klagen,
Die Glück verbitternd sonst in Seelen wohnen,
Denn Licht, das seine reinsten Strahlen sprüht,
Göttlich geweiht, selbst Sonnen überglüht.

War Liebe doch und Licht zum Eins verwoben,
Seit Frigga Odins Seele sich verbunden,
Seit er das Weib zum Götterglück erhoben,
Und Glut und Liebe sich im Licht gefunden.
War Haß und Neid nicht überall zerstoben,
Hat Baldurs Geist ihr Wesen überwunden,
Des Friedens Segen folgte seinem Fuß
Und Friedens Segen strahlt des Blickes Gruß.

Ja, eine neue Welt war aufgegangen.
Wohin das Auge Odin forschend wendet,
Sah er nur Runen, sinnvertiefte, prangen.
Und wenn sein Mund beseelend Lieder[92] spendet,
Der Zauberspruch sich kund tat dem Verlangen,
Glaubt er, daß Baldur alles Leid beendet;
Er schaut auf Frigga, auf den holden Sohn,
Die Gegenwart bot lang entbehrten Lohn.

Die Schöpfung selbst hat Baldur umgestaltet,
Lichtscheuen Wesen ward das Licht erschlossen,
Sie blickten auf zum Glanz, den er entfaltet,
Und jeder Strahl, der sich von ihm ergossen,
Ward ihren Werken nützend, treu verwaltet.
Das Zwerggeschlecht, sonst tückisch und verdrossen,
Die Riesen selbst entsagten Neid und Wut;
Heil brachte Allen Baldurs Lebensglut.

Nur Loki hat den Gott des Licht's gemieden,
Er liebt nur Feuer als Vernichtungs-Wesen;
Das Licht, dem das Erlösungs-Werk beschieden,
(Was er schon längst aus Runenschrift gelesen)
War ihm verhaßt, trieb ihm das Blut zum Sieden.
Nun sollte noch das All durch Licht genesen! –
Blutbruderschaft hob Odins Fluchwort auf,
Fluch fiel zurück auf Odins Bluteslauf.

Ein Schwur voll Wut ward von ihm ausgestoßen,
So grauenvoll, daß sich das Wort nicht findet.
Er sandt' ihn aus bei mächt'ger Stürme Tosen
In Flammenschrift, die sich zu Zeichen bindet.
Und wo das Feuer wogt in Weltenschoßen,
Wo Muspels Brand sich bis zum Äther windet,
Ließ er den Schwur, vom Sturm getragen, loh'n,
Um Odins Reich durch Surtur zu bedroh'n.

Dann eilt er hin zur Erde. Felsenriesen
Umstarren ihn. Abgründe maßlos, düster.
Tief unten brausten, aus den Nachtverließen
Wildwasser auf. Wüst war's und immer wüster
Wohin er blickt, daß er die Augen schließen,
Den Atem bannen möcht'. Nur eine Rüster
Wiegt ihren dunkeln Gipfel, sichtbar weit,
In der von Pein zerrissen Einsamkeit.

Und aus der Schluchten finst'rer Tiefe tauchte
Ein Weib[93] herauf, so furchtbar anzuschauen,
Als ob nur Unheil ihren Pfad umhauchte.
Aus ihrem Antlitz sprüht der Sünde Grauen,
Nicht Lebenslust; und brand'ges Qualmen rauchte
Wo sie nur schritt. Verderben schien zu brauen
In Ritz' und Spalt', die steigend sie umfußt;
Vom Haupt entfiel verwirrten Haares Wust.

„Du Loki hier? Verstehst Du nachzuahmen
Dem Donnergott, der wilde Wetter rüstet,
Der Wüsten segnet, daß aus Sandes Samen
Selbst Leben quillt, und den es oft gelüstet
Zu tilgen mich und meinen dunkeln Namen?
Doch wenn ihr beide mein Geheimnis wüßtet,
Ersehntest Du mit mir den Hochzeittag;
Doch Thor erschlüg' mich durch des Hammers Schlag."

Entsetzt hat Loki sich vom Sitz erhoben,
Er wich zurück vor ihren heißen Blicken.
Es war als ob ihn Netze schnell umwoben,
Die enger werdend, droh'n ihn zu ersticken.
Und lauter grollt der wilden Wasser Toben,
Er fühlt' daß Arme kraftvoll ihn umstricken,
Und was ihr Mund Gift träufelnd senkt' in's Ohr,
Trieb Rachesaat in seinem Geist empor.

Und Sturm schwoll auf, wie Sang von Riesenchören.
Er rast' einher auf Wolken, dröhnt aus Schlünden.
War's doch, als wollte sich das All empören,
Als schwebte Schuld aus Lüften, tiefsten Gründen,
Und böse Mächte, wachsend im Zerstören,
Die sich Gelüsten jeder Art verbünden,
Im Pfuhl des Lasters jagen nach Gewinn,
Umfingen Lokis wild verweg'nen Sinn.

Vergessen ward, was er Sigyn gelobte,
Dem treuen Weib, des Hauses edler Zierde,
Und Leidenschaft, die Alles übertobte,
Verwandelt sich abscheulich zur Begierde,
Als Angurboda lockend ihn erprobte,
Den letzten Rest von Hoheit ihm vertierte, – –
Maßloses Weh erwuchs dem Götterall,
Durch Lokis tiefen, unsühnbaren Fall.

Lang blieb er fern. Ein And'rer kehrt er wieder
Nach Asgards Au'n, die Augen unstet, irrend;
Oft lenkten sie zum Grund sich zögernd nieder,
Und trafen sie ein Antlitz, senkt' verwirrend
Ihr Strahl sich ein. Schloß er die Augenlider,
Schien's, daß ein Zug von Geistern, ihn umschwirrend,
Gedanken weckend, drohend ihn umringt
Und bösen Dienst von seinem Geist erzwingt.

Vor Odin floh er, sucht bei Trinkgelagen
Die andern Götter; doch um Neid zu schüren,
Stört er die Lust, des Friedens froh Behagen,
Und er versteht sie wieder hinzuführen,
Zu jenem Plan, den einst er vorgeschlagen,
Zum Bau der Burg. Längst wußt' er zu erküren
Den Meister, der im Sturm durch Wald und Kluft
Die Welt durcheilt, bewält'gend Meer und Luft.

Als Preis ward nicht um Geld und Gut gerungen,
Viel größre Schätze hat er klug ersonnen:
Mond, Sonne, Freyja[94] selbst ward ausbedungen;
Sie aber, die getrennt von Götterwonnen,
Vom Glück, das Odur um ihr Herz geschlungen,
Klagt weinend, weil ihr der Gemahl entronnen;
Doch folgt auch sie des strengen Bauherrn Ruf,
Wenn seine Veste Schutz für Asgard schuf.

Weh' euch! Ihr Götter, daß Ihr, sinnbefangen,
Durch Lokis Rat, durch Täuschung arg verblendet,
Erlagt der Lockung, folgtet dem Verlangen,
Vergaßt das Wort, das Odin Euch gespendet.
Weh! Daß des Lästrers Reden Euch bezwangen,
Daß Ihr von Odin treulos Euch gewendet,
Eingingt den ehrlos, schnöden Bauvertrag,
Heraufbeschwort den einst'gen Rachetag.

Und während Odin sich in Hoffnung wiegte,
Seit Baldurs Seele Glück den Göttern webte,
Und wähnt, daß dieses Sohnes Geist besiegte
Des Schicksals Spruch, sein Dasein neu belebte
Das Götterreich, ja Zweifels Macht bekriegte,
Begann der Bau von Eis, und Asgard bebte. –
Nicht Tag noch Nacht des Meisters Arbeit ruht.
Mit häm'scher Freude sieht's die Riesen-Brut.

Hoch stieg der Wall, bedeckte weite Strecken,
Die Mauer glüht' im grellen Nordlichtbrande,
Und Odin sah, erfüllt von Ahnungsschrecken,
Die Freveltat, der Götter ew'ge Schande.
Da gellt das Horn, die Götter zu erwecken. –
„Kennt Ihr den Preis? – Was Asgard wert und teuer,
Verpfändet ward's für die verruchte Tat,
Des Ungehorsams schulderzeugte Saat."

Noch war das Maß des Elends nicht gefüllet.
Aus Riesenheim kam schauerliche Kunde,
Es wird das Nachtgeheimnis frei enthüllet
Das Schrecken vorruft in des Weltalls Runde,
So grauenvoll, daß stockend nur entquillet
Das Wort, das unheilvolle, jedem Munde;
Zu Eis erstarrt der Andern warmes Blut
Und scheucht zurück den lebensfrohen Mut.

Drei Ungeheuer[95], wüster Sünde Wesen,
Gebar der Schoß der finstern Angurbode,
Scheusale, zur Verdammnis auserlesen,
Vorläufer waren's, Welt bedroh'ndem Tode.
Nun kann das Reich der Götter nicht genesen
Zur Unschuld in der Schöpfung Morgenrote. –
Wie Sterbeseufzer zittert banger Schall,
Als trüg' ihn Pesthauch durch das weite All.

Nach Idafeld beschied Odin die Asen
Zu Rat und Spruch. Was ihm im Innern brütet,
Verbarg er still. Was And'rer Blicke lasen,
War unverständlich, – Schrift, vom Stolz behütet.
Des Unrechts Größe lag so außer Maßen,
Daß keine Strafe sühnend hier vergütet,
So ungeheuer, daß selbst Odins Geist
Das Urteil wägend, schreckgetroffen kreist.

Doch seine Seele mächtig, groß erschaffen,
Des Weltumspanners reichstem Born entquollen,
Fand nur in sich zum Schutz die starken Waffen,
Um Trotz zu bieten düsterm Schicksals-Grollen.
Jetzt galt es hoher Weisheit Sinn erraffen,
Dem Gegner seine ganze Kraft entrollen. –
Mit Gottes Ernst, nicht leidenschaft-bewegt,
Sprach er zum Kreis, der lauschend ihn umhegt:

„Der mich verriet, indem er Euch geraten,
Er trete vor.“ (Und Loki naht in Schweigen.)
„Zu mindern Schuld, die Du auf Dich geladen,
Die Sonne, Mond und Freyja spricht zu eigen
Den Riesen, hemm’ den Bau, daß klar und offen
Mond, Sonne wieder auf zum Himmel steigen,
Die jetzt verhüllt von Schleiern blutigrot,
Von Scham erfüllt sind, ob verhängter Not.

Und Deine Kinder, einem Bund entsprungen,
Wo Haß, Entsetzen sich vereint voll Grausen,
Als Du den Feuergeist in Dir gezwungen
In Angurbodens ödem Fels zu hausen,
Und Rache wirkend, Rache hast errungen,
Die nun vernichtend soll das all durchbrausen:
Die Kinder bind’ ich bis zu jener Zeit,
Wo unumstößlich Schicksal sie befreit.

Weh Dir, Du Vater aller Flucherkor’nen!
Des Fenriswolfs, des Rachen speit Verderben,
Der Schlange Jörnumgandr, der Verlornen,
Die fraßbegierig, Leichen soll umwerben,
Und Hels, der Todesqual und Pein Verschwornen.
Sie mag der Ausgestoß’nen Schemen erben,
Die Alter, Krankheit, lebensmüd erschlägt,
Zu Walhalls Saal nicht die Walkyre trägt.

Dich aber, Loki, will ich nicht mehr schauen
Bis Du erfüllt, was Dir mein Wort beschieden.
Du täuschtest, untergrubest mein Vertrauen
Und brachest ruchlos unsern Götterfrieden.
Dein Hauch verpestet Asgards reine Auen! –
Erlernst Du nicht, Dir selber zu gebieten,
Entweich’, so weit Dich führt der flücht’ge Fuß,
Hin, wo nicht Unheil weckt Dein schnöder Gruß!“ –

Und hoheitvoll, vom Geistesglanz umflossen,
Schritt Odin langsam durch der Götter Reihen.
Das Weltgeschick, das sich dem Sinn erschlossen
Schien seines Auges Blick zu prophezeien.
Der Hoffnungsstrahl war nun in Nichts zerflossen,
All' seine Macht konnt' ihm nicht Nahrung leihen.
Und nicht entflammte höchste Gotteshuld,
Was ausgetilgt durch And'rer Neid und Schuld.

# Vorzeichen des Verfalles

roß war der Schmerz, der Odins Geist erfaßt,
Doch größer noch der Mut der ihn beseelte.
Den Schmerz verscheucht er gleich mißlieb'gem Gast,
Entbot die Klugheit, daß sie nicht verhehlte
Den ganzen Umfang drohender Gefahr,
Schärft jeden Sinn, auf daß ihm offenbar,
Wie weit die Macht, die ihm erteilte, dringe,
Daß er dem Schicksal Alles noch entringe,
Was aufhielt seinen ungestümen Gang,
Der Zeiten Ansturm und Vernichtungsdrang.

Und wiederum, doch düster nun und bleich,
Erschienen ihm die Nornen in der Halle,
Verkündend, daß zum hohen Götterreich
Ein glänzend Weib aus Riesenheim entwalle.
Gullweig[96] ihr Name; wo sie schimmernd naht',
Entströmte Gold dem ihr geweihten Pfad,
Und aller Augen folgten ungerufen,
Wohin sie schritt, den Gold bedeckten Stufen;
Gold sprüht vom Haar, vom Kleid, von ihrem Fuß,
Berückend wirkt des Blickes warmer Gruß.

Wem sie erschienen, der vergaß es nicht,
Die Gier beeilt sich, sinnlos ihr zu dienen.
Allüberall umschwebt' sie lockend Licht,
Das Lächeln strahlt aus den beredten Mienen,
Sie glitt umher, aufreizend Leidenschaft,
Verweichlicht schnell die gottentströmte Kraft.

Durch Sudkunst[97] las sie in der Zukunft Kreisen,
Verwandelnd ihren Namen, ihre Weisen,
Mit süßen Worten prophezeite Heid
Als Zauberin nur namenloses Leid.

Der Erd' entsprungen, strebte sie hinab,
Wußt' Neid und Haß in Herzen auszustreuen,
Doch wer ihr folgt', grub seines Glückes Grab,
Er mußte schwere Taten bald bereuen.
Denn schauervoll, entbietend zum Gericht,
Zeigt' schnöder Mord sein scheußlich Angesicht.
Blutdüngend, weltverödend rang um Sieg
Des Glückes Würger, fluchbelad'ner Krieg.

Zu ernstem Streit verband sich Heer mit Heer.
Kampfrüstend diese, jene Kampf beginnend,
Wie schwell'nde Wogen treiben auf dem Meer,
Ankämpfend hier, dem Andrang dort entrinnend.
Ein wüst Gewühl ward in die Welt gebracht;
So hatte Heid Zerstörungswut entfacht. –
Daß Lust am Gold, entkeimt aus bösen Trieben,
Den Erdbewohnern nicht mehr fremd geblieben,
Erkannte Odin, – traurig Schicksalslos!
Nur seine Seele hielt sich frei und groß.

Hoch lodert kriegerischer Heldengeist,
Aus ihm allein konnt' Rettung noch entstammen.
Daß nicht die Herrschaft jetzt ihm schon entgleist,
Galt es den Mut der Götter zu entflammen.
Zum Kampfspiel fand er sich in Gladsheim[98] ein,
Befehl erteilend, wählend Kämpferreih'n.
Schlachtordnung galt's der Angriffschar zu lehren,
Den Angegriff'nen Siegespreis zu wehren.

Keilförmig[99] stellt er seine Asen auf,
Daß sie, eindringend in des Feindes Heere,

Mit Götterkraft und rennergleichem Lauf,
Bewehrt mit Bogen, Schwert und scharfem Speere
Der Gegner Macht zerteilen, und alsbald
Sich auf sie stürzen, mächtig an Gewalt,
Anwachsend stets an Zahl von wucht'gen Streitern,
Den Kampfplatz sich gewinnen und erweitern,
Damit der Feind, der stets sich mehren sieht
Der Fechter Reih'n, vom Schreck bewältigt flieht.

Doch nicht nur Asen rief er auf zur Pflicht,
Auch zu den Menschen eilte Odin nieder.
Einst schuf er sie, die nun der Zaub'rin Licht
Verblendet; die sonst einfach, brav und bieder
Vereint gelebt in unschuldvoller Lust,
Von Unrecht und Verbrechen nichts gewußt,
Vom Tag erhielten, was ihr Sinn begehrte,
Die Haschen nach Gewinn noch nicht verzehrte.
Sie fielen nun durch Gullweigs Zauberkraft
Betört, in ungezähmte Leidenschaft.

Da zogen auf dem weißen Flügelroß
Walkyren[100] hin zu jedem Schlachtgefilde,
Und trugen, fern vom treffenden Geschoß,
Gefallne Helden auf geschwungnem Schilde
Durch Luft und Wolken, hoch zu Walhalls Saal.
Dort wartet ihrer Meth[101] und köstlich Mahl,
Von Sähmrimnir[102] wird täglich Fleisch gesotten,
Genügend einer Anzahl Kämpferrotten.
Nur Odin rührt nicht von der Speise an,
Den Wölfen reicht er was sein Teil gewann.

Iduna[103] lieh den Helden, holden Blick's,
Die gold'nen Äpfel in geweihter Schale.
Ein reich Geschenk, Verzögrer des Geschick's,
Das Alter sandt' hinab zum Erdentale.
Doch Alter nicht allein, ihm folgte Tod,
Der Elend, Tränen weckt, Verzweiflung, Not!

Idunas Gabe lieh Verjüngungskräfte,
Der Jugend Reiz und frische Lebenssäfte;
Und wer den Helden Walhalls sich geschart,
Nahm Teil an Freuden göttlich edler Art.

Odin empfing die Kämpfer, und sein Wort
Sprach Lob den Tapfern, die im Sieg gefallen.
Der Eichenkranz, der lang ersehnte Hort,
Ward ausgeteilt in Walhalls Ruhmeshallen.
Und Odins Geist, den Mißmut einst empört,
Als finst're Ahnung seinen Sinn betört,
Weiß nun, daß er samt Friggas Geist erlesen
Zu einen sich des Weltumspanners Wesen,
Und daß nicht Asgards Götterreich sie band. –
Nur Geistes Wahl baut Geistes Heimatland.

Ein Blitzesgruß enteilt im Feuerflug
Nach Asgards Höh'n. Thor kam streitmüd' aus Osten,
Wo seine Hand gewalt'ge Riesen schlug,
Die, sturmgeboren, wild vom Nordpol tosten.
Er stellt' sich ihnen, rannt' sie mächtig an,
Und Blitzes Strahl, wie Hammers Kraft gewann,
Vereint mit Donnerwucht, das Kampfgefilde.
Als seine Macht die Wut der Stürmer stillte,
Drang schon ein Ruf der Asen an sein Ohr,
Der seiner Hilfe schnelle Tat erkor.

Er fand sie ratlos, hadernd, voller Hohn,
Des Baues Meister[104] stand am Mauerwalle,
Des Roß, Eisführer, war des Nachts entflohn,
Trug Steine nicht, wie sonst, zur Burgeshalle.
Schon ragt der Bau, ein prächt'ges Werk, empor;
Doch fehlt als Schluß das letzte hohe Tor.
Loki verlockt' den Hengst zum lust'gen Jagen,
Statt mühevoll mit Lasten ihn zu plagen.
Denn wenn der Bau gesetzte Frist nicht hielt,
Hat auch der Meister den Gewinn verspielt.

Der aber eifert bös und zornesvoll,
Verlangt die Schätze, die man zugesaget.
Da nahte Thor, und beider Teile Groll
Gab ihm sich kund. Zuerst der Meister klaget:
„Daß er durch falsches Wort zum Bau betört,
Daß Lokis List die Arbeit plötzlich stört,
Und der Verräter, der ihn frech verführte,
Den Lohn nun weigert, der ihm voll gebührte.
Sein Werk leih' Schutz den Asen alle Zeit,
Drum werd' ihm Freyja, Sonn' und Mond geweiht."

Der Asen Klagen hörte Thor nicht zu;
Verächtlich lächelnd schweiften seine Blicke,
Und Göttergrimm raubt' ihm der Seele Ruh.
Verrat griff tückisch in die Weltgeschicke!
Nicht aus den Wolken, aus den Augen sprüht
Ein Flammenstrahl, wie dem Vulkan entglüht
Der Feuerstrom, der Alles mit sich reißend,
Was schon erstand, was noch im Werden kreißend,
Zur Tiefe führt, und Glut nicht eher kühlt,
Bis sie das Meer mit Wogenschwall umspült.

Sein Wort ertönte, gleich dem Donnerschall
Hin durch der Hörer bange Reihen fliegend:
„Wer wagt's zu bauen einen Mauerwall
Zum Asenschutz, wo Odin allbesiegend
Auf Asgard thront und seine Gottesmacht
Hinschleudert jeden Feind in ew'ge Nacht!
Wo Blitz und Donner meinem Willen lauschen,
Und Wolken, Wellen ihre Fluten tauschen,
Wenn Odins Wort zum Dienste mich bestellt,
Des Gottes Wort, der Herrscher einer Welt!

Weh, ruf' ich Euch, weh, über Euer Haupt!
Was macht Euch feig, verzagend, heilvergessen?
Dorrt schon der Baum, des Kränze Euch umlaubt,
Als kraftvoll Ihr im Ringkampf Euch gemessen?

Ihr Herrn des Alls, noch habt Ihr nicht erfüllt
Die Sendung, die der Weltgeist Euch enthüllt.
Er gab Euch Licht, durch Licht die Welt zu lenken,
Und seine Träger wollt Ihr feig verschenken?
Er gab Euch Liebe, Eure Hand entrückt,
Stürzt den Altar, den Freyjas Huld Euch schmückt.

Germanen hört, aus Finsternis enttaucht,
Allunbesiegbar seid Ihr einst erschaffen!
Des Weltgeists Atem, der Euch angehaucht,
Erteilte gnädig sieggefeite Waffen.
Begeist'rung gab er, daß sie voll und warm
Die Seelen tränkt, und Macht verleiht dem Arm.
Der Puls der Zeit belebt Euch die Gedanken,
Frei liegt die Welt, – für Euch gibt's keine Schranken.
Und wenn Ihr groß der Zukunft Euch gesellt,
Bleibt Euer Erbteil ja die Götterwelt!

Fänd ich das Wort, das aus dem Schlaf Euch weckt!
Mein Zorn entbrennt, ich kann ihn nicht mehr zügeln.
Die Asenschar durch Riesen aufgeschreckt!
Die Kunde zieht auf Blitzes Feuerflügeln
Durch's All, entehrend uns in ihrer Flucht.
Und Keiner hob des Schwert's, der Keule Wucht,
Gewalt'gen Schlag's den Täter zu zerschmettern? –
So tu's m e i n Arm, stark in Vernichtungs-Wettern."
Den Hammer griff und schwang des Gottes Hand,
Des Meisters Blut trank Asgards heil'ges Land[105].

Durch's Luftreich jagt' ein breiter Feuerstrahl.
Die Erde bebte, Flammen zuckt' der Himmel.
Von Asgards Höh'n entstieg ein Feuermal. –
Gestalten schwebten, scheußliches Gewimmel,
Aus Baum und Busch, – aus Schilden, Speeren sprüht's,
Wie loh'nde Garben, überall erglüht's.
Der Fenriswolf erschien und Hel zur Seite,
Die Schlange Jörmungandr ihr Geleite.

Schon droht der Weltbrand Göttern zu ersteh'n – –
Auf Asgard war der erste Mord gescheh'n! – –

Durch Wolken reitend, furchtbar anzuschau'n,
Zog Odin her, das Haupt von Glanz umstrahlet.
Aus seinem Auge sprach des Abscheu's Grau'n,
Das Zug um Zug sich auf dem Antlitz malet.
Fremd war ihm Schuld, ihm, den nur Licht erhell't –
Nun sah er Schuld den Asen beigesell't! –
Da standen sie, die Gullweigs Wort gelauschet,
Die Ehr' und Recht um schnödes Gold vertauschet,
Die Männer, die mit Götterkraft bewehrt,
Den Bau erlaubt, der Asgards Reich entehrt!

„Bringt her das Weib[106], das Euch zum Dienst gewann",
Sprach Odin, „werft sie rasch in Feuerbrände!
Daß Keiner mehr verfällt des Blickes Bann,
Verhüllt ihr Antlitz, bindet ihre Hände,
Damit der Reiz der Zauberin entweicht
Und flammenarmig sie der Tod erreicht. –
Da trat sie vor, im Glanz der Schönheitsfülle,
Doch Odin blendet nicht die schöne Hülle,
Er sucht den Geist, der sich der Form entringt
Und Laster weckend in das Leben dringt.

Der Pflicht gedenkt er, die verlangt den Tod,
Und schwang den Speer, gebietend seinen Asen,
Doch folgten sie nicht seinem Machtgebot. –
Da stürzt sich Gullweig in des Feuers Rasen,
Es lodert' auf, umschlang sie ohne Rast,
Es wuchs und wuchs mit sturmbeschwingter Hast.
Im Kampf erschien sie mit den wilden Flammen,
Sank dann zurück, – das Feuer brach zusammen.
Und aus der Glut, die züngelnd sich verlor,
Erschien sie reizbegabt, wie nie zuvor[107]. –

Der Asen Herzen schlugen für das Weib.
Sie schritt, des Sieg's bewußt, durch ihre Reihen.
Noch höher schien, lichtstrahlender ihr Leib. –
Warum, o Schicksal, mußtest du verleihen
So reichgeschmückt ein köstlich Prachtgewand
Der Schmeichlerin, daß selbst des Todes Hand
Sie nicht ergriff? – Hat wohl der Tod gewittert,
Wie Goldesgier die Einigkeit zersplittert,
Und bald erzeuget Sünden aller Art,
So daß der Tod sein Recht bald offenbart? –

Schmerz trübte mehr und mehr Allvaters Geist,
Als er erkannte, daß der Lüste Wesen
Das Götterreich mit raschem Schritt umkreist;
Daß Seelen krankten, die von ihm erlesen
Zu herrschen in dem weiten Weltenraum.
Sein Ziel, so hoch gestellt, versank, ein Traum.
Statt dessen sieht er Göttergröße fallen
Meineid und Mord sieht er verschwistert wallen,
Das Laster herrscht; der Wahrheit reines Kleid
Wird von der Lüge gift'gem Hauch entweiht. –

Noch harrten sie, des Unheils dunkle Brut,
Die Kinder Lokis, Odins Wort erlauschend,
Gefesselt seinem Willen; doch die Wut
Ihm zu gehorchen, sich durch Blicke tauschend.
Hel schaut den Gott, den Schaffenskraft erfüllt,
Aus dessen Atem Geistessegen quillt,
Voll Hasses an, den noch der Mund verschließet;
Doch, wo sie Leben sieht, voll Gier erkieset
Ihr Wünschen sich's als Beute für den Schlund
In Niflheims tagscheuem, eis'gen Grund.

Auch Jörmungandrs droh'nder Anblick trifft
Den hohen Gott. Noch durft sie nicht verspritzen,
Verderben bringend, ihres Innern Gift.
D'rum Zorn durchglüht des Untiers Augen blitzen.

Noch durft sie nicht durch ihrer Nüstern Dampf
Das Meer aufrühren zu des Weltbrands Kampf.
Noch nicht zerstörend in dem All entfalten
Vernichtungssucht voll gräßlicher Gewalten;
Gebunden lag ihr allverwüstend Sein,
Nur Qual empfindend, brütend Zukunfts-Pein.

„Was zögert Ihr", begann des Gottes Spruch,
„Hinab zu eilen in die weiten Kreise,
Die Euch erteilt, Euch alles Lebens Fluch.
Entweiche Hel! – Zu Deiner dunkeln Reise
Hast Du Begleiter. Elend geht mit Dir.
Ihm folgt des Hungers ungestillte Gier,
Die Angurboda, Deine Mutter, wählte,
Auf deren treuen Dienst sie klüglich zählte.
Dich, Jörmungandr, senk' ich in das Meer,
Um alle Länder schling' den Leib umher.

Dem Fenriswolf[108] legt schwere Ketten an,
Daß seine Kraft, sein Grimm gefesselt werde." –
Doch keine Kette hielt den Wolf im Bann,
Er sprengte sie, ohn' jegliche Beschwerde.
Da sandt' Odin den flinken Skirnir[109] ab,
Er eilt' zu klugen Zwergen schnell hinab,
Und bracht' ein Band[110] aus Schall von Katzentritten,
Aus Bärensehnen, Weiberbart geschnitten,
Aus Vogelspeichel, Laut, dem Fisch entschwebt,
Und Bergeswurzeln wunderbar gewebt.

Schwach schien's zu sein. Des Wolfes Witz erfand,
Daß Zauberkraft die feinen Fäden binde;
Die Asen lockten ihn zum Inselstrand
Lyngwi[111] hinaus. Er prüfte das Gewinde
Und sprach: „Fürwahr, ich glaube wenig Ehr
Bringt mir dies Band und nimmer lös' ich's mehr.

Ihr sagt, daß meine Kraft es leicht zerreiße:
So lege Einer, daß sich's wahr erweise,
In meinen Rachen seine Götterhand,
Als Eures Wortes sich'res Unterpfand."

Und fragend blickten sich die Asen an,
Doch Keiner wollte in Gefahr sich wagen.
Da naht der Kriegsgott Tyr[112], ein hoher Mann,
Gewalt'gen Sinn's und streckte ohne Zagen
In Fenris Rachen seinen starken Arm.
Und Fenris prüft das Band, zu seinem Harm
Ward's fester stets, je mehr er's dehnend probte,
Und als er wuterfüllt wie rasend tobte,
Da lachten laut die Götter, trieben Spott,
Nur Tyr lacht nicht, der heldenmüt'ge Gott.

Er schaute finster in dem Kreis herum,
Der Asen Falschheit kränkte seine Seele.
Kein Zug verriet, die Lippen blieben stumm,
Wie schwer ihm dünkte des Verrates Fehle.
Und als nun hart und härter ward das Band,
Trennt ingrimmsvoll der Wolf vom Arm die Hand. –
Der mächt'ge Gott, der sichern Ziel's beim Werfen
Den Spieß entsandte, dem des Schwertes Schärfen
Musik erschien, empfand nun tief beschämt,
Daß durch Verrat auch seine Kraft gelähmt.

Der Kriegesgott des rechten Arm's beraubt! –
Die Sterne Asgards schienen zu entweichen;
Doch hieß der Strahlenkranz um Odins Haupt
Die Flammenfackeln Surturs noch erbleichen.
In Felsengrund trieb man die Kette ein,
Und festigte, zu Fenris größter Pein
Ein Schwert in seinen Schlund, das Heft nach unten,
Die Spitze aufwärts, daß im Schmerz der Wunden
So laut er rast, von Einsamkeit verhöhnt,
Daß sein Geheul die Brandung übertönt.

Weit, weit hinaus ward ihm dies Los gestellt,
Und Labsal nur, daß sein Geschrei durchbebte,
Als Racheruf die hohe Götterwelt.
Verschwiegenheit, wenn man in Qualen lebte,
Heißt in des Elends tiefsten Abgrund sein,
Selbst wenn die Seele hochgeartet, rein.
Wenn kleine Wesen große Leiden plagen,
Verdammt des Hasses Fluch stumm zu ertragen,
Dann drängt Verzweiflung furchtbar, riesengroß,
Hin zur Vernichtung schaudervollem Los.

Am Schicksal webten fort und fort die Nornen,
Nachtfäden mischend mit des Tages Pracht.
Sie netzten ihr Gewebe aus den Bornen
Von Hwergelmir und Urdas kühlem Schacht.
Und Odins Wissen, das ihm Zukunft hellt,
Verriet, daß Baldurs Leben Tod umstellt.
Sein Roß trug ihn zur Gruft der toten Wöle[113],
Durch Zauber zwang er sie aus finst'rer Höhle,
Die Stäbe schüttelnd, daß ein Runenlied
Sie auferweckt, Weissagung ihr beschied.

Doch ihre Kunde war nur dunkles Wort:
„Was störst Du mich aus meinem tiefen Schlummer?
Schnee deckt' den Hügel, Regen trank ihn fort.
Tau träuft auf mich und nährte meinen Kummer.
Tot war ich lang. – Was rufst Du, fremder Gast,
Zum Leben mich, das meinem Sein verhaßt?
Bald wird in's Elend Hödur Baldurn senden,
Nach Hehlheim wird der Gott die Schritte wenden,
Sein Rächer Wali, der den Hödur schlägt,
Und Baldurs Mörder selbst zum Holzstoß trägt.“ –

Ein Nebelschleier fiel um die Gestalt.
Sie schwebte fort, hinab in's Grab zu kehren.
Der Runenlieder bannende Gewalt
Vermochte nicht den Heimgang ihr zu wehren.

Noch einmal wandte sie das Haupt zurück
Nach Odin, fragvoll war ihr düst'rer Blick.
„Du bist nicht Der, für den ich Dich genommen,
Bist Odin, Allerschaffer, der gekommen
In's Dunkel uns'rer Nachtwelt einzuschaun,
Enteil' von hier und meid' ihr maßlos Grau'n."

Wild jagten Wolken im Reiche der Luft,
Wie rätselvolle, schwere Traumgebilde.
Das All vor Odin ward zur weiten Gruft,
Und er ihr Hüter, mit dem Strahlenschilde
Des eignen Glanzes wundervoll bewehrt,
Den freien Blick der Zukunft zugekehrt. – –
Was scharrt sein Roß im fieberhaften Schnaufen?
Erschaut es auch den Weltenscheiterhaufen?
„Auf, Sleipnir, auf, nur vorwärts unverzagt!
Das Schicksal will's, Kampf sei mit ihm gewagt!"

# Baldurs Tod

Zu Walaskialf, im gewölbten Saal,
Saß Odin auf schimmerndem Trone,
Rings um ihn die Asen in voller Zahl
Umleuchtet von Odins Krone.
Zur Seite Frigga, das Götterweib,
Mit den wallenden Haaren, den hellen,
Sie schmiegten sich schmeichelnd um Haupt und Leib,
Wie weiche, fließende Wellen.

Und neben Frigga im strahlenden Glanz,
Jung Baldur, der schönste von Allen,
Lichtvoll gewandet, im Lilienkranz,
Betrat er die Götterhallen.
Und wo er wandelt, da sproßt empor
Als Sinnbild von Unschuld und Güte,
Duftspendend im zarten, lieblichen Flor
Die weiße Lilienblüte.

Und Odin sandt' auf den Sohn den Blick:
„Mein Baldur, was hat Dich betroffen?
Dein sonniges Lächeln, voll Frieden und Glück
Verschwand – O sage mir offen,
Was ruht in der Seele tiefstem Grund,
Als banges Geheimnis verborgen?
Du reinster der Götter im Götterbund,
Was trübt Deine Seele mit Sorgen?"

Jung Baldur schlug die Augen auf:
„Mein Vater, schreckliche Träume
Verdüsterten mir der Nächte Lauf,
Hinsanken heilige Bäume.
Lohfeuer verzehrte Yggdrasil,
Wild flatterten Deine Raben,
Sie krächzten hohl, als der Weltbaum fiel,
Ich wurde darunter begraben."

Zorn lodert in Odins Angesicht:
„Auf, sattelt mir Sleipnir, den schnellen.
Eh' sich dreimal verjüngt der Sonne Licht,
Eh' dreimal die Fluten schwellen,
Durcheil' ich das All bis zu Mimirs Born,
Der die Wurzeln von Yggdrasil tränket.
Du Heimdal, verkünde durch's Giallarhorn,
Was die Asen verwirrt und kränket.

Auf, Hugin und Munin, flieget voraus!
Erforschet die Welt bis an's Ende;
Ich frage Mimir, den Weisen aus,
Wie Baldurs Schicksal ich wende.
Wenn Baldur stirbt, wird das Weltlicht flieh'n
Von Asgards leuchtenden Hügeln,
Mit Baldur das Weltheil zu Grabe zieh'n
Auf des Todes dunkeln Flügeln."

Und Sleipnir durchflog mit Odin die Luft,
Das rauschte wie Harfensaiten,
Die Wegspur glühte im güld'nen Duft
Durch die Himmelswolken und Weiten.
Und leise, hütend des Schrittes Verrat,
Trat Frigga[114] aus Walaskialfs Hallen,
Die Tränen, die sie vergossen hat,
Sind als Perlen niedergefallen.

Doch rascher als Odins rasender Flug
Und Sleipnir den Weltritt gewannen,
Eilt Frigga, geleitet vom heiligen Zug
Der Mutterliebe von dannen.
Und sie beschwor mit erschütterndem Wort
Die Wesen in allen Zonen,
Den göttlichen Baldur an jedem Ort
Vor jeder Gefahr zu schonen.

Sie schwebt über Meere, Gestein und Eis,
Durch Wälder von Flammen umknistert,
Über Sümpfe, Steppen und Moore leis,
Wo Krankheit und Tod verschwistert.
Durch's Innere der Welt, wo hoch und breit
Die Gnomen Metalle türmen.
Von Allen nahm sie den schwersten Eid,
Den Sohn ihr, den Balder zu schirmen.

Dann kehrte sie heim zum Goldpalast,
Verkündet, was sie gewonnen,
Und Odin lud die Asen zu Gast,
Es floß der Meth in Bronnen.
Was Odin nicht fand, nicht Mimir ersann,
Was Hugin und Munin verborgen,
Die mächtige Mutterliebe gewann:
Vor Tod war Baldur geborgen!

Die Asen voll Jubel und Übermut
Ergaben sich fröhlichem Spiele.
Jung Baldur stand ja in Weltalls Hut,
Sie wählten ihn lachend zum Ziele.
Da flog der Wurfger und schweres Gestein,
Doch Alles fiel splitternd zum Grunde,
Und Lokis Blick schaut finster drein,
Er gab von Mißgunst Kunde.

Und Loki irrte voll Haß und Neid,
Hat ein Mistelzweiglein gefunden,
Das Frigga nicht nahm in ihren Eid,
Zu klein schien's den Sohn zu verwunden.
Er pflückt' es und spitzt' es zum Todes-Geschoß,
Das traf ja nicht Baldurn alleine,
Auch Odin, Frigga, den ganzen Troß
Der Asen im Götterhaine.

Er wandt' sich zu Hödur, der lichtlos stand
In lichtvoller Götterhalle;
Des Armen Augen deckte das Band
Der Blindheit, doch lauscht' er dem Schalle
Des Wortes und lieh geschärftes Ohr,
Als Loki ihn frug, voll Hohnes:
„Was säum'st Du und trittst beim Spiele nicht vor,
Am Fest des Asen-Sohnes?"

Und Hödur: „Ich stehe in ewiger Nacht,
Kann nicht den Wurfger schwingen,
Doch trotzt auch Baldur der Waffen Macht,
Laßt Braga den Streit besingen.
Und tönet das Lied, ich stimme nicht ein,
Er ward schon genug gepriesen
Als Lichtgott, weil er gütig und rein
Den Wesen liebes erwiesen."

„Ei, Hödur, bist Du des Lichtes bar
Sind stark doch die nervigen Arme,
Sie träfen in höchster Luft den Aar,
D'rum fort mit Sorgen und Harme.
Nimm hin die Waffe, der Schaft ist spitz,
Das Ziel für Jeden offen." –
Da enteilte der Ger wie zündender Blitz,
Zum Tode sank Baldur getroffen.

Die Asen standen gebannt vom Schmerz,
Kein Wort entrang sich dem Munde.
Sie starrten auf Baldur niederwärts,
Doch Keiner hob ihn vom Grunde.
Er war nicht gefallen in rühmlicher Schlacht,
Ihn trugen auf Schilden und Speeren
Walkyren nicht zu Walhallas Pracht,
Der Einherier[115] Scharen zu mehren.

Und die Asen, mächtig im Männerstreit,
Sie weinten im schmerzlichen Jammer,
Thors Tränen flossen strömend im Leid.
Sein Arm schwang Mjölner, den Hammer,
Daß wuchtig der Ton durch die Welten schallt,
Um Alles im Weh zu vereinen,
Um durch der Tränen Zaubergewalt
Jung Baldur in's Leben zu weinen.

Doch die Zähren gewannen des Leides nicht Macht,
Hel hatte die Fackel entzündet,
Sie hielt mit Loki, dem Vater, Wacht,
Der sein böses Werk verkündet.
Den Toten führte die schreckliche Frau
Zu des Giöllfluß gold'ner Brücke,
Dort in der Gewölbe finsterm Bau
Erschaut ihn Loki, voll Tücke.

In Eliud, Helas dunklem Palast,
Da ward es plötzlich helle.
Auf Falland-Vörandi[116] erschien ein Gast,
Glitt lächelnd über die Schwelle.
Schön Nanna, Baldurs getreues Weib,
Voll Jubel vom Gatten empfangen.
Es war ihr weißer, lieblicher Leib,
Vor Sehnen wie Duft vergangen.

Und Loki sprach: „Was zog Dich fort
Von Asgards sonnigen Auen?
Du wirst mit Baldur fort und fort
Helvedas Schrecken schauen!
Was tun die Asen zu Walaskialf,
Wollen sie Rache erwerben?
Dann stürm' ich mit Surtur Hlidskialf,
Durch Feuer die Welt zu verderben."

„Ja Loki, es sitzt auf dem Lebensthron
Odin am Weltmeerriffe,
Für Baldurs Leiche gerüstet schon
Harret das größte der Schiffe.
Dich richten die Asen nach Odins Rat,
Und wehe Loki, dem bösen,
Es gibt im Weltall für solche Tat
Nichts um die Strafe zu lösen.

Nur Baldurs Liebe vermöcht es allein,
Die Stein' und Metalle bewegte,
Die warmen Tau und Sonnenschein
Über alles Erschaffene legte,
Die selbst Helvedas finst're Nacht
Mit Lilienpracht umkleidet.
Ich spotte Dein und Helas Macht,
Wenn Baldurs Liebe mich leitet.

Und wenn Ihr zehnfachen Tod ihm gebt,
Wird Baldur die Welt nicht vergessen.
Die Reinheit, die Güte, die ihn belebt,
Die Liebe so unermessen,
Er hat sie in's weite All verteilt,
Den Wesen voll Milde enthüllet;
Sie waltet, wo Schönheit und Tugend weilt,
Von Baldurs Geist erfüllet.

Und wenn Du mit Surtur durch Feuer und Schwert
Blitzschleudernd die Asen gerichtet,
Walhalla und Asgard zerstört und verheert,
Wenn Sonne und Mond selbst vernichtet,
Wenn Fenris und Jörmungandr erlag:
Nach Weltbrands Grausen und Schrecken
Entsteigt mein Baldur zum neuen Tag,
Die Welt zur Liebe zu wecken!“

# Frigga

Hoch und erhaben in strahlender Schöne,
Alle Frauen umher überragend,
Ruhvoll im Schmerz, der alle Töne
Des Herzens regte, und doch nicht verzagend,
Neigte sich Frigga zu Baldurs Leiche,
Küßte die Locken und streichelt die Wangen,
Blickt auf das Antlitz, das todesbleiche,
Das noch wie früher von Anmut umfangen.

Zu ihr wandte sich Thor, und die Stimme,
Die sonst erschütternd die Lüfte belebte,
Klang gebrochen vom schmerzlichen Grimme,
Der die Tiefen der Seele durchbebte:
„Mutter, hinweg von der Leiche des Sohnes,
Der unrühmlich gefallen im Spiele,
Der ein Opfer der Bosheit, des Hohnes
Längst ward erwählt zum höllischen Ziele.

Hielt nicht der Freistatt heilige Stelle
Willen und Arme gefesselt nieder,
Scheucht' ich der Sonne prunkende Helle,
Riese als Welten-Wettergebieter
Donner und Blitze, die Lebensbezwinger!
Schwänge den Hammer, als wuchtiger Fechter,
Schnell zu zermalmen den Unheilbringer
Loki, den neidischen Asenverächter!

Mit uns betrauert den Tod Allvater,
Sieh, wie sein Auge schmerzsprühend funkelt,
Wie erschüttert der Weltberater,
Wie sein Antlitz, das hehre, verdunkelt.
Doch ihm reift in erhab'ner Seele,
Schnell der Keim des vernichtenden Spruches,
Treffend des Mordes unsühnbare Fehle,
Wie des verruchten Freistatt-Bruches.

Und ich schwöre bei allen Gestirnen,
Bei den weltumflutenden Meeren,
Bei den eisigen Gletschern und Firnen,
Bei der Stürme wildem Verheeren,
Bei des Nordlichts wachsenden Flammen,
Daß ich als Bruder Baldurs Rächer,
Wenn die Asen am Richtort zusammen,
Strafen will nach Beschluß der Sprecher."

Frigga erhob sich. Ein sonniges Leuchten
Das sonst Baldurs Stirn' umglühte,
Lag auf den Wangen, den tränenfeuchten,
Wie das Mondlicht auf tauiger Blüte.
„Thor, nicht Rache verlang' ich für Balder,
Der vollendet in himmlischer Tugend,
Heiliger Liebe treuer Verwalter,
Hinstarb in beglückender Jugend."

Und sie blickte verklärt, voll Ahnen
Weit über Himmel und Erdenauen,
Aber Helvedas finstere Bahnen
Konnte ihr prüfender Sinn nicht erschauen.
Suchend spähte sie aus nach dem Retter. –
Goldgepanzert, mit ehernem Schwerte
Stand Hermode, der Bote der Götter,
Hauptbehelmt wie ihr Sinn ihn begehrte.

„Lichtlos“, sprach sie, „werden die Fluren
Asgards und lichtlos Baldurs Haine
Wo er gewandelt. Auf seinen Spuren
Sproßte die Weisheit, das Schöne und Reine.
Breidablick steht verlassen für immer. –
Mildes Urteil, versöhnende Worte
Schwanden mit seiner Augen Schimmer,
Stumm bleibt des Mundes glückspendende Pforte.

Saget Ihr Asen, wer ist's von Euch allen,
Der zu Helvedas Grauen enteilet,
Wo die kältenden Nebel wallen,
Gold'nes Licht die Nacht nicht zerteilet.
Saget, wer wagt es um Weltwohlswillen
Schrecken des Todes zu überwinden,
Sehnsucht nach heiligster Güte zu stillen,
Baldur, den sanften uns wiederzufinden?“

Und Hermode, zu eiligem Werke
Völlig gerüstet, trat vor aus dem Kreise,
Mut in der Seele, im Arme Stärke,
War er bereit zur gefährlichen Reise.
„Schrecken“, so spottet er, „kann mir nicht frommen,
Also vollführ' ich den Ritt in die Ferne,
Wo meinen Wegen die Sonne verglommen
Leuchtet das Licht der Augensterne.“

Und von Hlidskialfs Göttersitze
Neigte sich Odin: „Zum Wettritt mit Stürmen
Trage Dich Sleipnir, der schnell wie die Blitze
Wolken durchfliegt, wie hoch sie sich türmen.
Biete der Hela zur Lösung des Sohnes,
Was ihre bösen Lüste verlangen,
Tod auf Tod als Gewähr ihres Lohnes,
Tod und Verwesung soll sie umfangen!

Hunger verhäng' ich dem Adler[117] im Norden,
Der in Leichen schwelgend sich nähret.
Aller Tribut von Kriegen und Morden,
Qualvolles Sterben sei Hela gewähret.
Dorren mögen Hräswelgs Fänge,
Müde erlahmen des Fittichs Schwingen,
Wenn aus Helvedas Bann Dir gelänge,
Baldur, den Einzigen, wiederzubringen."

Ruh'los stampfte Sleipnir den Rasen,
Dampf entströmt' den geöffneten Nüstern.
Spähend schaut er die Wolkenstraßen,
Und des Goldzaums leises Knistern
Kündet, daß er von Unruh' befangen,
Denn er wittert, es galt ein Reiten,
Einen Weltflug nach seinem Verlangen,
Fessellos fort in fremde Weiten.

Und Hermode, den Fuß im Bügel,
Schwang sich auf's Roß, auf's silberweiße.
Frigga nahte, griff in die Zügel:
„Nimm ein Wort als Begleiter der Reise,
Sage Hela, wenn nichts sie bemeistert,
Baldur nach Asgard zurück zu geben,
Daß ich, von innerm Schauen begeistert,
Weihe für Balder mein eig'nes Leben."

Sleipnir jagte im vollen Rasen
Stolz durch die Luft, als hätt' er verstanden
Friggas Botschaft. Die staunenden Asen
Murrend von Frigga zu Odin sich wandten:
„Strafe", so riefen sie, „Friggas Beginnen,
Öde wird es auf Asgards Auen,
Schiede die mächtigste Asin von hinnen,
Wonne der Götter, Zierde der Frauen."

Frigga trat zum weltlenkenden Gatten.
Geri und Freki[118] weilten am Grunde
Übel gelaunt, es lagerten Schatten
Trüber Gedanken auf Odin zur Stunde.
Und sie stellte sich ihm zur Seite,
Hochgestaltet und herrlich gewandet,
Nacken umkleidet mit Goldgeschmeide,
Strahlend vom Goldreif die Stirn umbandet.

„Grollende Asen, nicht prüft' ich vergebens
Vollbewußt meines hohen Wertes,
Ob für Walhalla der Teil meines Lebens
Oder Balders, des Sänft'gers des Schwertes,
Reicher an Vorteil; und findet Ihr Einen
Balder vergleichbar in Asgards Hallen,
Bleib ich bei Euch; doch findet Ihr Keinen,
Bin ich statt seiner Helveda verfallen."

Still blieb's, als ob Leben geschieden.
Prüfend sannen die Asen – und fanden
Keinen gleich Balder, der Liebe und Frieden
Brachte in's All und sie erkannten
Einzig sein Wesen; durch treffende Reden,
Stieg er in Tiefen zürnender Geister,
Dämpfte das Feuer aufsteigender Fehden,
War des Versöhnens beglückender Meister.

Odin erhob sich. – Vom Throne steigend
Breitet er über Frigga die Hände,
Düster schauend, die Lippen schweigend
Schien es, als ob er nicht Worte fände,
Kund zu geben der Zukunft Geschicke,
Die er voraus sah in schreckender Helle.
Nichts verbarg sich dem göttlichen Blicke,
Baldurs Tod war des Unheils Quelle.

Und er lenkte den Schritt zum Meere,
Wo die Wogenbewältiger lagen,
Prächtige Schiffe, um Götterheere
Über die Wasser der Urwelt tragen.
Hringhorn wählt' er, das größte von allen,
Balders Leiche würdig zu ehren.
Unter des Himmels sonnigen Hallen
Sollte Beide die Flamme verzehren.

Asathor, die Seele voll Kummer,
Eilte empor in höhere Lüfte,
Weckte Nebel aus tiefem Schlummer,
Scheuchte des Frühlings liebliche Düfte.
Und es wuchsen aus Wolkengebilden
Schwarze Fahnen, das Licht zu verstecken;
Kämpfende Helden, mit Speeren und Schilden,
Zogen vorüber, gespenstige Recken.

Frigga schaudert. Die Wolkenschatten
Webten das Werden künftiger Zeiten.
Göttergestalten sah Frigga ermatten,
Kämpfer mit flammenden Fackeln streiten.
Und die Welten, die Zorn verworrnen
Sanken in Asche, begrabend die Krieger.
Hoch über Allen die waltenden Nornen
Balder empfangend und krönend als Sieger.

E. Ph. Fleischer pinx. Fr. Bruckmann rep.

# Hermode's Ritt nach Helheim

# Hermodes Ritt

nach Helheim[119]

Es galt einen Ritt durch Wolken und Sturm,
Über Berg und Felsenriff.
In der Tiefe lauschte der Mitgardwurm
Auf ein wogenzerschelltes Schiff.

Das flattert und fliegt – ein wildes Heer –
Sinds Geister die Sturm verschlägt,
Die Nordlands Nebel weit umher
Zur Totenfeier trägt?

Und feuchter und kälter ward die Luft,
Und bleicher des Himmels Blau,
Bald färbt ein widriger Moderduft
Den Sehkreis trüb mit Grau.

Was schnaubst du, Sleipnir, willst nicht vor,
Mein sonnengewöhntes Tier?
Wir reiten durch ein weites Tor,
In Helas Nachtrevier.

Vorüber, vorüber am grausigen Plan,
Wo Hräswelg die Schwingen hebt,
Vom weltvernichtenden Orkan
Das ganze All erbebt.

Hei, gier'ger Adler, dir wird nichts,
Wir beide sind nicht tot.
Uns schützt der Hauch des Odinlichts
Und Frigga's Morgenrot.

Und wetzest du grimmig den Schnabel zum Fraß
Und spannest die Fänge aus,
Wir eilen und eilen ohn' Unterlaß,
Zu Helas finsterm Haus.

Mein Sleipnir, was keuchst du und bäum'st dich auf,
Erschreckst vor des Abgrunds Schoß?
Und türmten sich Leichen wie Berge auf,
Nur d'rüber, nur d'rüber, mein Roß!

Du fürchtest die Nacht, die gähnend droht?
Doch müssen wir beide hinab,
Und bringt uns der Sprung auch Elend und Tod
Und ein einsam vergess'nes Grab."

Hinunter flog Sleipnir in's tiefe Tal,
Vom wogenden Nebel erfüllt,
Der des Götterlichtes leuchtenden Strahl
Den Augen neidisch verhüllt.

Die Schluchten und Klüfte durchzog kein Laut,
Das Atmen fiel so schwer,
Von eisiger Kälte fröstelt die Haut,
Und Grau'n erfüllt Alles umher.

Neun Tage währte der schaurige Ritt,
Neun Tage des Lichtes bar,
Als ein schimmernder Streif die Nacht durchglitt,
Leuchtend wie Mondlicht klar.

Eine goldne Brücke hob sich empor,
Tief unten der Giöllafluß:
„Nicht zög're mein Sleipnir, nur vor! nur vor!
Setz' drüber mit flüchtigem Fuß!"

Und Sleipnir folgte Hermodes Ruf,
Da krachte der Brücke Grund,
Als ob sie zertrümmert des Rosses Huf
Und stürzt in den feuchten Schlund.

Und war es des Wassers, war's menschlicher Ton,
Das Wort, das an's Ohr ihm schlug?
„Was willst Du bei uns, des Lebens Sohn,
Was ist's, das zu Hela Dich trug?

Fünf Haufen Reiter im Totengewand
Mit heiserem Leichengruß
Ritten vor Dir in's dunkle Land
Herüber den Giöllafluß.

Doch donnert ihr Reiten so laut nicht auf,
Wie Deines, Du einzelner Mann.
Wer lenkte des Rosses rasenden Lauf,
Wer bist Du, was willst Du? Sag' an!"

Hermode schaute, an Dämm'rung gewöhnt,
Modguder auf Totenwacht,
Ihr seelendurchdringender Blick verhöhnt
Feindlich des Lebens Macht.

„Wer ich bin, was ich will? Ein Asensohn,
Der den Bruder zurück verlangt,
Ich komme zu rütteln an Helas Thron,
Bis Baldur die Freiheit erlangt."

„Du bist Hermode, ich hör' es am Ton,
Der göttergebietend erschallt,
Zurück, zurück, Du Asensohn,
Zurück aus Helas Gewalt!

Ersahst Du der Schrecken nicht genug,
Scheu bebt des Rosses Leib.
Schon bist Du gefangen durch Helas Trug,
Tod bringt das schreckliche Weib.

Ihr Haus heißt Elend, Schmerz ihr Saal,
Ihr Bette Krankheitsnot,
Der Hunger bietet das ekle Mahl,
Heißhunger schneidet das Brot.

Die Schwelle, die am Eingang liegt,
Bedeutet Einsturz des Glücks,
Gespensterspuk als Vorhang fliegt
Am Zelt des bösen Blicks."

„Schweig“, rief Hermode, „mich kümmert nicht Not,
Nicht Schrecken-umdrohter Steg,
Für Balder geh' ich in Elend und Tod,
Wo find' ich den leitenden Weg?“

Modgudr streckte die Arme aus,
Stand da ein Bild von Stein:
„Im Norden ist Helas finst'res Haus,
Doch kommst Du nimmer hinein.“

Hermode lenkte sein edles Tier,
Das sauste rastlos fort,
Es sehnt sich nach Wiesen und Blumenzier,
Nach Asgards luftigem Ort.

Da stutzt es wieder und weicht zurück,
Ein Gitter steigt empor;
Die glühenden Stäbe hoch und dick
Und nirgends Tür noch Tor.

„Geduld, mein Roß, nah' ist das Ziel,
Fest gürt' ich des Sattels Last“ –
Und er spornte den Hengst, da flog er im Spiel
Hinüber voll feuriger Hast.

Und drüben wuchsen Wände herauf,
Umschlossen den Reiter im Kreis,
Und als er blickt' zu den Häuptern auf,
Da waren's Gesichter von Eis.

Und Schatten huschten im leisen Flug,
Gespenster mit Leichenduft,
Sie flüsterten leise von Lug und Trug,
Verlangend nach Lebensluft.

„Vorüber, vorüber, mein zitternder Hengst,
Den Kopf zu Boden gedückt!
Denn wenn Du nicht pfeilschnell vorübersprengst,
Wird Leben vom Tode berückt.“

Er kam an die Pforte, der Riegel sprang,
Durch's Dunkel leuchtete Glanz,
Auf dem Hochsitz der Halle, im Halbrundgang
Saß Baldur im Lilienkranz.

Welk waren die Blumen und trüb der Blick,
Von Leid umfurcht der Mund,
Zur Seite, teilend des Gatten Geschick,
Sein Weib in Helheims Grund.

Den Becher voll Meth berührten sie nicht,
Sie waren sehnsuchtkrank;
Lechzten nach Leben, Luft und Licht,
Nicht nach Helvedas Trank.

Hermode legt um den Bruder den Arm:
„Dich führ' ich nach Asgard zurück,
Denn Frigga bietet sich selbst voll Harm
Für Dich, um der Götter Glück.

Und mit ihr weinen die Asen all,
Die Luft, die Erde, das Meer,
Seit Du geschieden, ist überall
Die Schöpfung hoffnungsleer.“

Da deutete Baldur auf Nannas Haupt:
„Mit dem Bruder mögest Du zieh'n;
Dir, die zu früh dem Sohne[120] geraubt,
Gestattet Hela zu flieh'n.“

Doch Nanna umschlang den teuren Gemahl:
„Mich trennt nicht Wort, nicht Gewalt,
Ich träume von Asgard, in Helas Saal
Erblick' ich Balders Gestalt.

Mir lieh der einzig geliebte Mann
Erblühen durch göttlichen Schein,
Ich lebe, seit ich sein Lieben gewann,
Kann nimmer ohne ihn sein."

Unhörbar trat eine hohe Frau
In den weiten gewölbten Raum,
Umflattert von Haaren wirr und grau.
Auf den Augen lag's wie Traum.

Wie Todestraum, wenn Liebe fern,
Wenn Keiner die Lider schloß,
Wenn der Todeskampf in den Augenstern
Die letzten Qualen ergoß.

Sie sprach, eintönig klang's und hohl,
An Balder haftet ihr Blick:
„Ich sende, fordert's das Weltenwohl,
Balder nach Asgard zurück.

Doch geb' ich den Sanften für Frigga nicht,
Sie bleibe in Fensal und spinn',
Die Götter entbehren Frieden und Licht,
Seit Baldur ist Helheims Gewinn.

Frei sei er, wenn alles Geschaff'ne klagt,
Die Wesen in Sehnen versenkt,
Die ganze Schöpfung weint, verzagt,
Wenn Alles mit Tränen getränkt.

Doch gibt es ein Wesen tränenlos,
Ein Auge lebenshell,
Dann bleibe Baldur in Helheims Schoß,
An Hwergelmirs rauschendem Quell."

Da richtet Hermode hoch sich auf:
„Gedankt sei Hel für das Wort;
Bald steigt jung Baldur zum Tag hinauf,
Jung Baldur, der Götter Hort.

Lichtwaltend verscheucht er Wolken und Sturm,
Verkläret der Sonne Glut,
Besänftigt den drohenden Mitgard-Wurm
Und Fenris wachsende Wut.

Wer wär' es, den nicht Trauer umfängt
Seit Baldurs leidbringendem Tod?
Ohn ihn ist Asgard Schweres verhängt,
Nur Baldur hilft uns'rer Not."

Und Baldur erhob sich, das Haupt gesenkt,
Die Stimme tönt mild und klar:
„Nimm Draupnir hin, daß mein gedenkt
Allvater immerdar."

Leg' Sindris Ring in seine Hand,
Sag': „Wenn in neunter Nacht
Acht Ringe tropften auf grünes Land,
Daß Baldur sein gedacht."

Hermode schwang sich auf's stampfende Roß,
Das wandte sich südwärts voll Hast.
Der Held ritt mutig, bügellos
Über Gitter und Fluß ohne Rast.

Durch Wolken und Sturm, durch Hagel und Blitz
Fast streifend Yggdrasills Ast,
Über Bifrösts Bogen zum Göttersitz,
Zu Odins Goldpalast.

Und Odin vernahm das Orloggeheiß,
Das unverrückbar stand,
Es hat in dem weiten Weltenkreis
Noch Keiner den Spruch gewandt.

Er hieß die Asen in's Weite zieh'n,
Zu allen Wesen geh'n,
Daß sie weinten um Baldur, weinten um ihn,
Bis Asgard Heil gescheh'n.

Bis heraus geweint aus Helheims Nacht
Der herrliche Göttersohn,
Daß er wieder entfaltet der Güte Macht
Auf Breidablick's leuchtendem Thron.

# Thöck[121]

Scharf und kalt erhob sich Sturmwind,
Kam von Norden über's Meer,
Als die Asen, weltbeschwörend
Streiften Wasserflut und Wehr,
Treffend bald auf Volksgetümmel,
Bald auf Wüsten lebensleer.

Doch bevor ihr Wünschen kund war,
Eh' der Orlogschluß erklang,
Fanden sie, so weit ihr Weg führt,
Alles trüb, in Schmerzen bang.
Aus Gesteinen und aus Erzwerk
Trän' um Träne sich entrang.

Selbst Hrimthursen aus dem Eisland,
Riesen aus der Berge Schacht,
Lichtscheu sonst, beweinten trauernd,
Daß jung Baldur nicht mehr wacht.
Alles fürchtet, Alles zittert
Ahnungsvoll vor Tod und Nacht.

Und die Wolken sanken erdwärts,
Und es weinten Meer und Luft.
Nebel woben Tränenkleidung,
Blumen hauchten Tränenduft,
Tränen einten sich zu Strömen,
Füllten Ginnungagabs Kluft.

Alle Wesen waren trostlos,
Seit das Unglück sie befiel,
Mond und Sonne folgten weinend
Ihres Laufs bestimmtem Ziel,
Fürchtend daß sie Sköll und Hati
Packten im verwegnen Spiel.

Und die Wölfe, gierig lechzend,
Rasten hin zur Meeresflut,
Bis die Sonne niedersteigend
Schleierreich in Purpurglut,
Tränenvoll von Gram um Baldur,
In des Wassers Wogen ruht.

Trüb und bleich erhob der Mond sich
Aus des Meeres feuchtem Schoß,
Weinend, daß mit Hatis Eile
Nahte der Vernichtung Los.
Und es tranken seine Tränen
Blumen, Ähren, Halm und Moos.

Heim nach Asgard zog's die Asen,
Ihre Sendung war vollbracht;
Denn herausgeweint vom Allkreis
Glaubten sie aus Helas Nacht
Baldur, glaubten, daß er bringe
Götterglück durch Friedens Macht.

Da, inmitten wilder Waldung
Hob sich eine schroffe Wand,
Hoher Felsen starke Schirmung,
Gleichend eines Schildes Rand,
Der zerborsten und zersplittert
Lehnt in unsichtbarer Hand.

Und an viel zerstückter Wölbung,
Die der zack'ge Rand umschloß,
Sprang ein Spalt hin, drohend klaffend,
Draus sich Finsternis ergoß.
Und es klang wie dumpfer Wehruf
Aus der Höhle graus'gem Schoß.

Ob der Schmerzschrei Baldurs Tod galt,
Kummer weltgeschieden klagt?
Eingang schafften sich die Asen,
Schritten vorwärts unverzagt,
Wenn auch wüstes Steingetrümmer
Auf dem Pfad entgegenragt.

Abgrundstief verwirrt der Weg sich
Hin, wo Urweltnebel lag,
Und wohin noch keinen Lichtstrahl
Sandt' in Finsternis der Tag,
Wo kein Wesen, noch so niedrig,
Leben ringend atmen mag.

Aus dem Dunkel hob ein Weib sich,
Selber finster wie die Nacht,
Frug: „Was wollt Ihr, kühne Wandrer,
Hier im unermess'nen Schacht,
Der seit Uranfang des Weltalls
Mir zur Heimat zugedacht?

Habt Ihr nie von mir vernommen,
Die so alt wie Ewigkeit,
Die, wenn Alles krankt im Elend
Und verdirbt im Lebensstreit,
Nur allein und unvergänglich
Waltet über Raum und Zeit?“

Thor, der mächt’ge, gab zur Antwort:
„Odin hat uns abgesandt,
Zu durchforschen Weiten, Tiefen,
Bis zum innern Schwefelbrand,
Ob um Baldur Alles weinet,
Ihn erlöst aus Helas Hand?“

Und das Weib: „In meine Hausung
Dringt nichts von der Außenwelt,
Nur vulkanisch inn’rer Umsturz
Hat mir Schrecken zugesellt.
Niemals kannt’ ich Flammen-Glutschein,
Der die Oberwelt erhellt.

Ewig bleibt mein Auge tränlos,
Weil’s dem Lichte ewig feind,
Baldur hat mir nie genützet,
Niemals hab’ ich ihn beweint.
In Helveda soll er bleiben,
Bis sich Unheil euch vereint.

Weicht von dannen; meinem Nachtsitz
Seid Ihr unerlaubt genaht,
Nur den Nornen ist gestattet
Nachzuforschen meinem Pfad.
Sie verflechten, was sie schauen,
Prüfend in der Zukunft Rat!“ –

Und die Asen eilten heimwärts. –
Asgards lichtbeglückte Flur
Lag umdüstert; Odins Antlitz
Trug des tiefsten Grames Spur.
Er vernahm im Schmerz erschauernd
Thöcks verhängnisvollen Schwur.

E. Ph. Fleischer pinx. Fr. Bruckmann rep.

# Baldur's Leichenfeier

# Baldurs Leichenfeier

Das Brandschiff[122] lag gerüstet. – Der Meeresflut gelüstet
Zu spülen über Bord.
Hoch oben auf die Leichen; um Baldur, Nanna streichen
Orkan' aus Süd und Nord.
Schnell neigte sich zu Ende, mit Baldur in die Nacht
Die Sommersonnenwende und ihres Lichtes Pracht.

Was zögert zu erscheinen aus Asgards Tränen-Hainen,
Allvater an dem Meer?
Ward nicht die Schuld gerochen, die Hödurs[123] Arm verbrochen,
Wovon das Herz doch leer?
Den Blinden hat verleitet zur furchtbar schwarzen Tat,
Er[124], der das Feld bereitet für jede böse Saat.

Er hielt sich still verborgen. Die Sonne schien am Morgen
    So dunkelrot in's All.
Nicht klar zeigt sich ihr Schimmer, doch heiß und heißer immer
    Strömt Glut vom Feuerball.
Wohl brächt' es Loki Freude, verbrennt sie Asgard jetzt,
Wo er im Haß und Neide die Götter schwer verletzt.

Da kam aus Westens Lande der junge Abgesandte
    Gestählt zur Rachetat.
Erst Tags zuvor geboren, hat Wali[125] doch erkoren
    Zur Sühne Götter-Rat.
Mit ungewasch'nen Händen und ungeschnitt'nem Haar
Mußt Wali Hödur senden zu Helas Totenschar.

Er macht mit einem Streiche den Mörder schnell zur Leiche,
    Trug sie auf wüstes Feld.
Dort lag sie unbekleidet, von Wölfen ausgeweidet,
    Die Geiern sich gesellt.
Nach Surtalogis[126] Wehen, dem nur die Schuld erlag,
Durft' Hödur[127] auferstehen, zu Gimils ew'gem Tag.

Und Wali schritt von dannen, hin wo die Wasser rannen,
    Die Hand vom Blut noch rot.
Das Blut mußt er entfernen, sonst schrie es zu den Sternen
    Um Rache für den Tod.
Dann bracht er von Entsühnem zu Odin Kunde hin;
Stolz war sein Wort, voll kühnem mit Kraft vermähltem Sinn.

Nun rüstet sich Allvater, es stand dem Weltberater
    Das Schiff bereit zum Lauf.
Die Raben flogen traurig, ihr Krächzen klang so schaurig,
    Die Federn sträubten auf.
In tiefer Trauer Schatten, die Blicke niederwärts,
Naht Frigga ihrem Gatten, erhaben selbst im Schmerz.

Und Odins Fahrt begleiten Walkyren; ach, sie reiten
Nicht hin zu Kampf und Schlacht.
Sie durften nicht erhoffen, daß Baldur jemals offen
Walhallas Glanz und Pracht.
Fern blieb nun Asgards Auen die reinste Lichtgestalt:
Entsetzlich dünkt die Frauen des Orlog-Spruchs Gewalt.

Voraus dem Segel schwebend, die Schwingen langsam hebend,
Flog Odins Königs-Aar.
Es streifte fast die Wogen, die trüb und bleiern zogen,
Das mächt'ge Flügelpaar.
Und Freyr folgt im Wagen zum leiderfüllten Ort,
Vom Eber hingetragen, daß goldnes Vließ sein Hort.

Von Himingbiörg[128], der hohen, eilt bei des Morgens Lohen
Der Götterwächter her.
Er ritt sein Roß, das schnelle, geboren aus der Welle
Wie Heimdal[129] selbst, im Meer.
Des Schweifes Haare glänzten, sie wallten langen Falls,
Und goldne Mähnen kränzten des Hengstes schlanken Hals.

Auch Freyja kam im Fluge, sie reihet sich dem Zuge
Auf prächt'gem Wagen an.
Zwei silberweiße Katzen, mit scharf bewehrten Tatzen,
Ihr leuchtendes Gespann.
Dann folgt mit Gold gezäumet der Hengst, den Baldur ritt,
Hei, wie er hoch sich bäumet, je weiter vor er schritt.

Es strahlten im Gefilde der hohen Götter Schilde,
Sie schritten allgemach.
Da floßen viele Zähren, doch nichts konnt' Trost gewähren
Solch schwerem Ungemach.
Vom Wanenstamm erschienen die Edlen, reich an Zahl,
Und Mitleid in den Mienen, Lichtalfen allzumal.

Aus schilf'gem Wassergrunde entstieg dem feuchten Schlunde
Des Meerbeherrschers Weib.
Sie möchte gern erringen, mit ihrem Arm umschlingen
Jung Baldurs schönen Leib.
Sie hob die Hand zum Schiffe und sandt' den Blick empor,
Da brach vom Felsenriffe gewalt'ger Sturm hervor.

Er schleudert in die Tiefen, wo ihre Opfer schliefen,
Die finst're Rafferin.
Neun Wellenmädchen[130] zogen, geschaukelt von den Wogen,
Zum Schiffe Hringhorn[131] hin.
Weiß wehten ihre Schleier von Hüten farbenbleich;
Es lockte sie die Feier herauf aus kühlem Reich.

Die Riesen aus den Bergen vereinten sich den Zwergen
In ungezählten Reih'n.
Hrimthursen aus den Gauen, wo Eis und Schnee nicht tauen,
Beim Zuge trafen ein.
Auch Bragi gab Geleite, die Harfe schlaff im Arm,
Doch tönte keine Saite, das Herz war voller Harm.

Nun standen sie am Meere, die langen Trauerheere,
Und Hringhorn lag bereit.
Da flammt es durch die Lüfte, es bebten Fels und Klüfte,
Und Funken stoben weit.
Es rollt, vom Sturm getragen, des Donnergott's Gefährt,
Die Böcke[132] vor dem Wagen sind wetterkampfbewährt.

Den Ring, den Baldur sandte, als sich Hermode wandte
Zurück aus Helas Reich,
Dem Vater ihn zu schenken, als heilig Angedenken,
Der Ring war schimmerbleich.
Ihn legte Odin nieder auf das entbrannte Holz,
Da tropften von ihm wieder acht Ringe reinsten Gold's.

Das Feuer ward entzündet, Thor weih't das Schiff, verkündet
    Der Welt den Leichenbrand.
Des Hengstes Hufe scharrten, als könnt' er's kaum erwarten
    Bis ihn die Glut umwand.
Das Schiff vom Strand zu bringen, bemühten Götter sich;
Doch wollt' es nicht gelingen, die Macht der Asen wich.

Da ward zu ihr gesendet, der rohe Kraft gespendet,
    Zur Riesin Hyrrockin.[133]
Sie kam auf Wolfesrücken, des' Unholds Aug' voll Tücken;
    Ihr Blick bewältigt ihn.
Statt Zaum's dient eine Schlange, die sich in Schmerzen wand,
Sie zittert, züngelt bange nach der Gewalt'gen Hand.

Als nun zum Grund geglitten, das Weib zum Schiff geschritten,
    Erstarkt des Wolfes Mut.
Und Keiner konnte lähmen die wilde Kraft, bezähmen
    Kein Arm der Bestie Wut.
Es eilt in wildem Rasen, gepackt von heißer Gier,
Verderben droh'nd den Asen, zum Strande hin das Tier.

Und mit gewalt'ger Stimme, erfüllt vom Göttergrimme,
    Rief Odin Hilfe her:
„Schafft mir aus Höhl und Kerker zum Kampf gewillt, Berserker,[134]
    Bewaffnet mit dem Speer."
Vier mächt'ge Ringer kamen, gereizt von Leidenschaft,
Doch macht sie bald erlahmen des Wolfes wüste Kraft.

Da wuchs zum höchsten Grolle Berserkerwut, die tolle
    Und streckt das Tier bald hin;
Sie bannte fest die Zügel, der Schlange Drachenflügel
    Berückten nicht den Sinn.
Des Wolfes Blick erkannte, daß Werwolfs Kraft ihn band,
Die trotzend übermannte den stärksten Widerstand.

Leicht stieß das Schiff vom Strande, als losgelöst die Bande
Der Riesin wucht'ge Hand.
Und zu der Menge Schrecken aus Walzen[135] Flammen lecken,
Es bebte Meer und Land.
Schon hatte Thor beschieden der Riesin Hammertod,
Wenn ihr nicht Schutz und Frieden der Götter Hilfe bot.

Wild lohten auf die Feuer, die Flammenungeheuer
Enthauchten Qualm und Glut.
Es gab ein tolles Ringen, als wollten sie verschlingen
Die Sonne selbst voll Wut.
Doch ob auch Flammen gähnen, noch siegte Asgards Not,
Die Feuer löschten Tränen um Baldurs frühen Tod.

Ermattet stieg die Sonne der Wesen Lust und Wonne
In's Wellenbett hinab.
Und ihren holden Gatten, den Tag, umschwebten Schatten,
Verheißend frühes Grab.
Selbst Schatten um die Sterne, sie wuchsen mehr und mehr,
Verdunkelnd Zukunftsferne, ein zeitverfinsternd Heer.

E. Ph. Fleischer pinx. Fr. Bruckmann rep.

# Ögir's Gastmahl

# Ögirs Gastmahl

as Feuer erlosch, das im purpurnen Glast
Den Körper des riesigen Schiffes umrast,
Drauf Baldurs und Nannas Leichen verbrannt;
Doch keiner der Asen Erinnerung verbannt
An das Glück, das Baldur gespendet,
Das nun sich von Asgard gewendet.

Verklungen war lange des Jubels Getön,
Nur Schwermut umlagerte Täler und Höh'n,
Entflogen die Raben schwarzschwingigen Flug's,
Nicht Freude erreichten sie eiligen Zug's,
Sie brachten nur Kunde von Kriegen,
Von Morden und blutigen Siegen.

Die wonnigen Haine auf Asgards Au'n
Kennzeichnet Verderben mit wachsendem Grau'n.
Der herrlichen Bäume weitschattende Pracht
Ward fahl wie die Blumen, die kaum erwacht.
Unheimlich durchschwebten die Lüfte
Eissplitter und kältende Düfte.

Und Jörmungandr streckte den Hals
Aus der See, nach den Felsen des Midgardwall's.
Bleich wurde der Tag und der Sonne Licht,
Die Schlange scheut' finstere Blicke nicht.
Sie lauschte: was gäb's zu zerschellen
Beim Wettkampf von ihr und den Wellen?

Hell strahlend durchleuchtet das Dunkel der Zeit
Allvater in göttlicher Herrlichkeit,
Den Helm auf dem Haupt, in Händen den Speer,
Stets schlachtgerüstet in schimmernder Wehr,
Ein Stern in drohender Wolke
Erschien er dem irrenden Volke.

Er eilt, daß er Alle zum Kampfe hinzieht,
Zu Ögir, dem Herrscher im Meeresgebiet,
Und riß durch sein geistbeflügeltes Wort
Den Hörer zum Bund mit den Göttern fort.
Und daß die Freundschaft nicht raste,
Lud Odin Ögir zu Gaste.

Die Asen, Genossen des festlichen Tags
Auf Asgard, und Freunde des Trinkgelags,
Sie schmückten, als Abend herniedersank,
Die Halle mit Schwertern, geschliffen blank,
Und tranken des Nachts zusammen
Beim Leuchten der Schwertlichtflammen.[136]

Doch Frigga, die immer in Anmut geglänzt,
Als Meth sie dem Gaste, dem hohen, kredenzt,
Dem fröhlichen Kreise alsbald entweicht
Mit Frauen, die Andern den Trunk gereicht,
Wahrnehmend, daß Lust sich steigert
Und Frauen das Bleiben verweigert.

Beim Ende des Festes reicht Ögir die Hand
Und sprach: „Ihr Herrscher auf festem Land,
Steigt zu mir hinab in kühlende Flut,
Berückender Zauber im Wasser ruht,
Wo reizvoll die Nixen tanzen,
Umrankt von des Meergrunds Pflanzen.

Als trauerdurchzogen der Sommer nun schied
Und Herbst überlagerte Haine und Ried,
Da jagten die Götter zu Ögir hinaus
Bei strömendem Regen und Sturmgebraus.
Es galt ja den Gastfreund zu ehren,
Nicht Hader und Groll zu vermehren.

Die Trenner der Wolken trugen sie hin,
Die Götterrosse voll feurigem Sinn,
Nur Thor war entfernt, doch hat seine Macht
Den Kessel zum Meth an Ögir gebracht,
Daß Trunk den Zechern nicht fehle,
Denn Reiten macht durstig die Kehle.

Aus den Tiefen der See blinkt güldener Schein,
Da breitet sich aus der Korallenhain,
Die Zweige mit farbigen Muscheln behängt,
Aus denen Sehnsucht die Perlen drängt;
Sie lockt es um Freiheit zu werben,
Befreit vergeh'n sie und sterben.

Wohin auch die Blicke der Götter geschaut,
Hat Wunder das Meer ihnen aufgebaut,
Zeigt üppige Blumen in köstlicher Pracht,
Hat Leben in seltsamen Formen entfacht,
Was draußen die Luft umstreichelt,
Wird hier von den Wogen umschmeichelt.

Und die Wellenmädchen so lieblich und schön,
Enttauchen vom Grund zu des Meeres Höhn.
Da wallt's wie Gewänder auf hellem Schaum.
Sind's Wellen, sind's Schleier, ist's Meerestraum?
Es hebt sich, umflattert die Glieder
Der Nixen, verhüllet sie wieder.

Bald zeigt sich den Göttern der weite Palast,
Gebaut gleich dem Schiff mit Segeln und Mast.
Gebildet aus reinem, geschliff'nen Kristall,
Gefestet, verziert mit reichem Metall.
Drin harret Ögir der Gäste,
Empfing sie Alle auf's beste.

Zwei Diener[137] bedienten die Asen beim Mahl,
Sie reichten die Speisen im prächtigen Saal,
Was das Meer erzeugte, das boten sie an.
Erfrischender Meth der Kufe entrann,
Nur Odin, mäßig als Zecher,
Trank Wein[138] aus goldenem Becher.

Gold[139] schimmert im Saale, statt brennendem Licht
Bestrahlt es der Trinker Angesicht,
Durchflutet die Wände. Es schwammen heran
Meerungeheuer und sahen sich's an
Wie drinnen die Götter speisten,
Methschalen in Runde kreisten.

Ein heiliger Friede lag über dem Ort,
Und Jeder pries mit treffendem Wort
Der Freistatt Ruhe, der Diener Geschick;
Da trat in den Saal mit höhnischem Blick
Der Läst'rer der Wanen und Götter,
Der nicht geladene Spötter.

Zur Seite des Eingangs da stellte sich auf
Der schöne Loki, er hemmte den Lauf
Der Diener, und Gifthauch durchwehte den Raum.
Des harmlosen Witzes sprudelnder Schaum
Verschwand wie der Lichtstrahl verlohet,
Wenn Wetter ihn finster bedrohet.

Wohl wissend, daß hier ihn nicht Strafe erreicht,
Die scheu vor geheiligter Freistatt entweicht,
Sprach Loki: „Ihr habt mich verfolgt und gehetzt,
Befreit sei die Zunge, sie schleudere jetzt,
Daß nimmer Haß ich verhehle,
Euch zu, was belastet die Seele.

Zur Herrschaft in Asgard, die mir nur gebührt,
Ward Odin vom Weltumspanner geführt.
Ich hasse das All, das Gewalt mir verhieß,
Ich hasse den Urgeist, der mich verstieß,
Der Macht zum Kampf in mich legte
Und Kampflust mit Fesseln umhegte.

Ich hasse Natur und die schöpf'rische Kraft,
Die mich als Schönsten von Euch erschafft,
Allwissen gab Odin als oberstem Gott,
Und trieb Natur mit mir ihren Spott,
Verderb' ich, was mir entgegen,
Vernichte durch Fluch den Segen.

Was steht Ihr und lauscht dem verwegenen Wort?
So schenkt mir doch Meth! die Zunge verdorrt,
Ihr Diener, durch Lob der Götter verwöhnt,
Der mächtigen Götter, die ich verhöhnt:
Schenkt ein, sonst füll' ich die Becher
Mit tötlichem Gifte dem Zecher!"

Da traten die Diener Ögirs hervor:
„Entweiche Loki! wir öffnen das Tor,
Du kränktest die Asen an heiliger Statt,
Du sprachest die stachlige Zunge Dir matt,
Hast arg die Hohen gescholten,
Das wird Dir zehnfach vergolten.

Wir reichen zum Trunk keinen Tropfen Dir dar,
Meth stärkte die Zunge, die böse fürwahr.
Enteile! Erzürne die Götter nicht mehr!
Schon zuckt die Hand nach germanischem Speer;
Weh, würde Friede gebrochen
Der über die Freistatt gesprochen!“

Und Bragi erhob sich: „Wir geben im Saal
Dir Sitz und Stelle nimmer beim Mahl,
Such' Angurboda, die schreckliche, auf,
Zu Deinen Kindern führ Dich der Lauf,
Daß Asen, die friedlich gesellet,
Dein Anblick das Mahl nicht vergället.“

D'rauf wendete Loki Allvater sich zu:
„Hochherrlicher Gott, Du verharrest in Ruh,
Vergaßest gewiß, daß wir einst vermischt,
In der Urzeit Dämmerung des Blutes Gischt?
Daß Keiner sich laben sollte,
Der Labung dem Andern nicht zollte?

Und glaubst Du, daß Du durch Fluch mir vereist
Das Blut, das von Dir in den Adern noch kreist?
Du irrst, ich fühl's an der Gotteslust,
Daß Dein Blut noch siedet in meiner Brust,
Und nimmer kannst Du's erlangen,
Dein Blut zurück zu empfangen.“

Da winkte Allvater sich Widar[140] heran.
Es nahte der schweigsam gewaltige Mann,
Dem des Weltkampfs tragisches Ende bewußt –
Er barg das Geheimnis tief in der Brust; –
Jetzt reicht' er vom Methe, dem hellen,
Den Trunk dem frechen Gesellen.

Als Loki ihn wahrnahm, wich er zurück
Vor des Gottes die Seele durchdringendem Blick.
Auf der Wahlstatt Wigrids[141], in Weltbrands Not,
Bringt Widar dem Fenriswolfe den Tod.
Voll Schrecken Loki sich wendet
Von ihm, der Labsal jetzt spendet.

D'rauf sich ermannend, griff dankend er zu,
Die Seele bedurfte der Sammlung und Ruh':
„Heil", rief er, „werde den Asen zu Teil,
Nur Bragi, dem Feigen, verschließ' sich das Heil,
Der Sitz und Stelle mir weigert
Und Zorn in dem Busen noch steigert."

Und Bragi, der kaum von der Schwelle verwies
Den lechzenden Loki, als Buße verhieß
Er den flüchtigen Schecken, den goldenen Ring,
Das Schwert, das am prächtigen Gurte ihm hing.
Doch Loki spottet: „Bei Zeiten
Wird Surtur die Buße bereiten."

Und wiederum prahlt und spottet sein Mund –
Die Rede sie war dem Verwegenen kund – :
„Dort sitzt ja ein Ase, der unbewehrt;
Sag', Freyr, wo bargst Du Dein sonniges Schwert?
Das wirst Du gewißlich brauchen,
Wenn flammend die Wasser rauchen.

Im Vorwitz[142] bestiegst Du einst Hlidskialfs Thron,
Sahst Höhen und Tiefen strahlen und loh'n,
Als Gerda die leuchtenden Hände erhob,
Mit glühender Liebe das Herz Dir umwob.
Daß Gunst Dir werde im Leben,
Hast Schwert Du und Roß vergeben.

Dein blitzendes Schwert, das von selber sich schwang,
Stets treffend in feindliche Scharen drang,
Dein Diener trägt's[143]. Nie hielt ich wert
Das herrlichste Weib gleich treffendem Schwert,
Und weh' dem Mann, dem die Minne
Verweichlicht Seele und Sinne!"

Und kampfbegeistert zu jeder Zeit
Erhob sich Tyr als Helfer im Streit:
„Dein Reden verstumme, Du neidischer Gast,
Der allen Göttern auf's tiefste verhaßt,
Du gabst, daß dem Wort ich wehre,
Um Minne Sitte und Ehre.

Wer kämpfte wie Freyr in maßloser Hast,
Als Beli Gerda die Schwester umrast'?
Auf Adlersflügeln, in Nordsturms Nacht
Rief der brüllende Riese den Gott zur Schlacht,
Und Freyr hat ohne Zagen
Mit dem Hirschhorn den Unhold erschlagen.

Und Freyr löst Gerda aus drohender Not,
Aus Feuer, mit dem sie die Riesen umdroht,
Befreit sie vom Panzer aus Schnee und Frost,
Da ward er von Frühlingslüften umkost.
Die Braut reicht Firnmeth dem Gotte
In blühender Lenzesgrotte."

Hoch richtete Loki spottlächelnd sich auf:
„Schweig Tyr, Du gabst einst die Hand zum Kauf.
Verlorenes Schwert, verlorener Arm,
Das schafft den Göttern noch gräßlichen Harm:
Einhändig gilt es zu ringen,
Bei Surtalogis Verschlingen.“

„Und kämpf ich einhändig, Dich werf' ich zum Grund,
Stumm machend den giftgeschwollenen Mund.
Entbehr' ich die Hand und Freyr das Schwert,
Ward nimmer der schimmernde Name entehrt;
Doch Deinen, ich sage es offen,
Hat Schimpf und Schande getroffen.

Was rauscht in der Luft, aufrührend das Meer?
Horcht, Thor, der Zerschmetterer, eilet daher.
Nun, Loki, wird Deine Zunge gelähmt,
Durch Asathor wirst Du bewältigt, gezähmt,
Der weiß der Lästerer Reden
Durch Hammerwucht arg zu befehden.“

Hereintrat, den Helm auf gewaltigem Haupt,
Der Gott, den noch alle im Sturmkampf geglaubt.
Die Stirn war umwölkt, grimmsprühend der Blick,
Doch Loki wich nicht vor dem Gotte zurück,
Er schaute nicht auf die Erde,
Hochmütig blieb Haltung, Gebärde.

Und Thor rief voll Unmut: „Was höret Ihr an,
Den Mann, der Verderben den Göttern stets sann?
Enteile der Halle, Du schändlicher Wicht,
Daß nicht das Genick mein Hammer Dir bricht.
Dir schaff' ich entsetzliche Strafe,
Vorbei ist's mit stärkendem Schlafe.“

„Erfahre nun Thor und schnaub' in Wut,
Geschädigt hab' ich Dein köstlichstes Gut:
Ich kürzte, daß Ihr Götter es wißt,
Des Hammerstiels Länge durch Zauber und List,
D'rum, läßest Du Blitze kreisen,
Bedarfst Du der Handschuh' von Eisen.[144]

Die Wucht Deines Arms, unbezwingbarer Mut,
Der Asenkraft Stärke, der Siegeslust Glut,
Verließen Dich Mächt'gen in Himirs Haus;[145]
Durch Weiberrat trugst Du den Kessel hinaus.
Bald hätt's Deinen Ruhm verdorben,
Daß Meth Du den Asen erworben.

Unsterblich einst Götter, seid sterblich Ihr jetzt,
Unsterblichkeitsehre hab' ich Euch verletzt,
Ich führte auch Gullweig[146] in friedliche Welt,
Hab' Neid und Habgier untrennbar gesellt.
Eröffnete aller Orten
Dem Morde, dem Kriege die Pforten.

Und hattet Ihr fröhlich zum Mahl Euch vereint,
Zum letztenmal Goldlicht die Götter bescheint;
Bald sind die Früchte des Unheils gereift;
Schon züngelt die Flamme, die Alles ergreift,
Die, Ögir, Dich und die Asen
Vernichtet in Weltbrands Rasen."

Gereizt und durchglüht von unbänd'ger Gewalt,
Des Donnergott's Rede die Meerluft durchhallt:
„Ergreift doch den unverschämt prahlenden Wicht,
Wir halten ihm maßlos strenges Gericht."
Doch schnell bei Asathors Drohen
War Loki der Halle entflohen.

Machtstrahlend, unnahbar in göttlicher Pracht,
Sprach Odin: „Jetzt ruft meine Gottesmacht
Euch Alle zum Richtort an Urdas Born.
Klärt Seele und Sinne, daß unverworr'n,
Wenn wir den Nornen verbündet,
Der Orlogschluß sich uns kündet!

Das Schicksal, ich weiß es, umschreitet den Pfad,
Verhängnisvoll hat es sich Asgard genaht,
Es folgt der Gedanken ungreifbarer Flucht,
An Taten haftet's mit eiserner Wucht.
Und Lokis Schuld wird gerochen
Durch Urteil, wie kein's noch gesprochen."

# Loki's Strafe

So war's gelungen. Loki lag in Haft,
Gefesselt schon, nicht Schwert, nicht Lanzenschaft
Befreit ihn aus der Höhle tiefem Schacht,
Der ihn umfing nach manch' durchwachter Nacht. –
Was Orlogschluß bestimmt, was ihm gebühret,
Das ward nun an dem Schuldigen vollführet.

Als Loki floh vor Thors gewalt'gem Wort,
Eilt er durch Wald und Moor zu rauhem Ort.
Auf steiler Höh', und nah' des Adlers Nest
Baut er ein Haus von Stein, öd' war's, doch fest.
Nicht Trank, noch Speise konnt' den Flücht'gen letzen,
Zur Heimat durft er nie den Fuß mehr setzen.

Nach allen Seiten blickt er forschend aus,
Lauscht auf des Meers und auf des Sturms Gebraus,
Den Wolkenzügen folgt die Sehkraft nach.
Wenn Wetterwucht die stärksten Bäume brach,
Schrak Loki auf im heftigen Erbeben
Und fürchtet für sein fluchbelad'nes Leben.

Doch endlich nagt des Dursts, des Hungers Qual
So furchtbar, daß zum blütenreichen Tal
Er abwärts steigt. Zu Füßen liegt das Meer.
Nach karger Nahrung irrt er bang umher,
Doch gibt der Baum nicht Frucht dem sonst'gen Prasser
Und keinen Trunk das salzgenährte Wasser.

E. Ph. Fleischer pinx. Fr. Bruckmann rep.

# Loki's Bestrafung

Da tönt dem Ohr ein lang ersehnter Schall,
Von Felsenkanten stürzt ein Wasserfall
In dunkle Kluft, die Loki unten weiß.
Dem Himmelslicht gab sich der Schlund nicht preis;
Geheimnis ruht in seinem Grund verborgen,
Sich tagscheu flüchtend vor dem goldnen Morgen.

Und Loki ging den steilen Pfad hinab;
Von feuchten Steinen glitt er strauchelnd ab;
Doch war gewöhnt an nachtverhüllten Steg
Des Mannes Fuß, an schlüpfrig bösen Weg.
Nach Dasein nur noch Dessen Sinn gelüstet,
Der seine Kraft erst schmachvoll selbst verwüstet.

Vielstimm'ger Laut erklang am äußern Rand.
Gewißlich war den Göttern schon bekannt
Das Ziel der Flucht; sie spähten klüglich aus
Das kaum verlassne, kleine Wächterhaus.
Leer stand der Bau; sie folgten Loki's Schritten,
Und jede Rettung war nun abgeschnitten.

Und tiefer stieg in's düstre Wassergrab
Verzweifelnd der Geächtete hinab.
Schwarzalfen reichten Garn zu Netzen dar.
Er flocht es ein. Wenn Hilfe möglich war,
So glaubt' er sie allein noch zu erlangen,
Nähm er im Netz die Götter selbst gefangen.

Schon hört er ihre Tritte; einen Spalt
Wählt er sich aus als sichern Aufenthalt.
Vor ihm die Netze gut im Grund versteckt,
Das Wasser selbst mit Dunkelheit bedeckt.
Die Götter mußten in das Garn geraten,
Und er blieb frei trotz seiner Missetaten.

Doch als er hämisch schon des Siegs gedacht,
Fuhr Blitz auf Blitz, ihn blendend, durch den Schacht.
Thor stand vor ihm in Götter-Allgewalt.
Vorbei war's nun mit Lokis letztem Halt,
Er sprang – was galt's, ob Steine ihn verletzen! –
In's Wasser, fing sich in den eig'nen Netzen.

Ein furchtbar Schicksal war ihm nun bestimmt:
In Finsternis, die Lichtschein nie durchglimmt,
An Felsen ward er aufrecht fest geklemmt,
Es ward sein Schritt, ja Atem selbst gehemmt.
Und rasch enteilt', wer den Gefangnen schaute;
Dem härt'sten Mann vor solchen Qualen graute.

An hohe Felsen, deren Kanten schroff,
Ward er gebunden. Von den Banden troff
Noch frisches Blut; wo floß es wohl zuvor? –
Aus Adern seiner Söhne drang es vor,
Die sich zerfleischt im wilden Grimm und Hader.
Mit ihren Därmen fesselt man den Vater.[147]

Hoch über seinem Haupte lag gerollt
Ein böser Wurm, der hassend Allem grollt.
Dem angeschwollnen Kopf enttràufelt Gift,
Das scharf und ätzend Loki's Antlitz trifft.
Nichts brachte Lind'rung seinen Wundenmalen,
Kein Augenblick befreit ihn von den Qualen.

Und höher wuchs der Seele wilder Groll,
Denn keine Tat erschien ihm reuevoll,
Kein Wesen liebt' er jemals auf der Welt,
Nicht Weib, nicht Kind, nur Leidenschaft gesellt
Ihn einst Sigyn, ihr Innres blieb ihm ferne,
Wie Blinden fern das Licht der goldnen Sterne.

Und dieses Weib, das seinen Herd bewacht,
Auf Lokis Glück zu jeder Zeit bedacht,
Die Flamme nährt, daß niemals sie erblich,
Weilt stets daheim, wenn Loki oft entwich.
Sie fragte nicht, was draußen er gefunden,
Wie trüb auch schlichen bang durchweinte Stunden.

Zwei Söhne zog sie ihrem Gatten groß,
Doch sie verschönten nicht der Mutter Los.
Denn Lokis Geist beseelt' der Beiden Sinn,
Sein böser Rat war ihnen kein Gewinn.
Doch ihre Schuld brach nicht der Liebe Ketten,
Es galt Sigyn, sie aus der Schuld zu retten.

So harrte sie auch diesmal lange aus,
Als Loki fort vom wohlversorgten Haus,
Die Söhne fort und Keiner kam zurück! –
Doch einst bemerkt sie furchtbar Mißgeschick,
Als Ruh' sie pflegt' nach Mühe und Beschwerde,
Verloschen war die Glut auf ihrem Herde.

Nun wußte sie, daß Unheil war erwacht,
Und daß es Loki über sie gebracht. –
Sie hofft die Söhne nochmals zu erschau'n –
Sie blieben aus. Es wuchs der Seele Grau'n,
Da irrt' sie fort, so weit die Füße tragen,
Ohn' Tag und Nacht nach Speis' und Ruh zu fragen.

Ein schwaches Weib. Doch Liebe stärkt den Mut,
Macht frei die Kraft; die noch gefesselt ruht.
Wie lang sie zog durch Finsternis und Licht?
Sie zählt' nicht Wochen, Mondeswechsel nicht. –
Einst schlief sie ein und sah in schweren Träumen
Daheim den Mann, in feuerlosen Räumen.

Schnell brach sie auf, von Lieb' und Angst geführt.
Im Haus war Niemand, der das Feuer schürt,
Und keine Hand, die Pflege ihm gewährt,
Die, wenn er traurig, Sorgen ihm verklärt.
Mit wunden Füßen, im zerriss'nen Kleide
Eilt sie durch Dorngestrüpp, durch Moor und Heide.

Sie naht der Gegend, wo das Haus ihr steht,
Wo leicht im Wind das Laub der Birke weht
Gleich einer Fahne, die als Siegspanier
Vom Hügel grüßt, als liebgeword'ne Zier.
Es galt nur noch die Höhe zu umstreichen,
Den Blumengrund des Tales zu erreichen.

Doch plötzlich brach ein furchtbar Wetter los,
Es tobt wie Donner und Orkangetos,
Rauch stieg, die Luft verhüllend, rings empor,
Und Feuergarben drangen sprühend vor.
Sigyn beschleunigt angstvoll ihre Schritte,
Da stürzt im Brand zusammen ihre Hütte.

Und allgewaltig, mit des Hammers Wehr,
Schritt Asathor um's Feuer rings umher.
Er murmelt Runen, grub in harten Stein
Mit Flammenschrift die Zauberzeichen ein,
Schreckbaren Fluch, daß nie an diesem Orte,
Sich jemals auftu' eines Hauses Pforte!

Mit Mjöllner traf er jeden schatt'gen Baum,
Der Schutz sonst lieh des Hauses stillem Raum.
Vom Wuchthieb stürzt der Kronen Pracht hinab;
Das Feuer schuf den Bäumen schnell ein Grab.
D'rauf streute Asche Thor weit in die Runde,
Und gab der Luft vom Orlogschlusse Kunde:

„Mit Asche werde hier der Grund bestreut,
Daß nie Naturkraft Lebenstrieb erneut,
Und Finsternis deck' Alles rings umher.
Hier lag're sich die Wolke trüb und schwer,
Daß nie ein Strahl voll Glanzes sie durchdringe,
Kein Gruß des Himmels durch die Nacht sich ringe.

Selbst der Komet, der einsam schweift im All,
Ein ausgestoßner, öder Feuerball,
Ob Leuchtstoff er, der neues Licht gebiert,
Ob er vergeh'nd im Weltraum sich verliert,
Er speise nie mit den verglühnden Funken,
Was hier vom Bann getroffen hingesunken.

Den Namen Lokis tilg des Sturmes Wehn.
Kein Menschenantlitz soll der Schuld'ge sehn.
Mit seinen Schmerzen sei er stets allein,
Nicht Linderung werde seiner höchsten Pein.
Wer tröstend naht, ihn soll der Fluch erreichen,
Der Loki warf in Elend sonder Gleichen."

Sigyn horcht schaudernd, ihre Rede stockt,
Dann ruft sie: „Thor, halt ein, Dein Ingrimm lockt
Nur mehr des Mitleids, jedes böse Wort
Das Loki trifft, trifft mich, d'rum eil ich fort
Zu ihm, den Götter fliehen, Riesen hassen,
Ich bring ihm Trost, wenn alle ihn verlassen."

Und Thor erfaßt des Weibes weiche Hand
Er sprach, die Blicke von ihr abgewandt:
„Was ficht Dich an, Dich, die der Mann verlacht,
Und deren Treu' er spottend nur gedacht,
Der Liebe für sein edles Weib nicht fühlte,
Im Sündenpfuhl der Leidenschaft nur wühlte."

„O, Thor, Du kennst die Frauenliebe nicht,
Wo gäb's für sie wohl eine höhre Pflicht
Als dem zu dienen, dem ihr Sein gehört.
Und wenn durch Unheil Liebesglück zerstört,
Wenn Treue nicht des Mannes Herz gehalten,
Wird edle Liebe niemals doch erkalten.

Je tiefer sinkt der Gatte in der Schuld,
Erstarkt noch mehr des Frauensinnes Huld,
Sucht Hilfe, schaut nach Rettung stets umher,
Das schwerste Opfer fällt ihr nicht zu schwer. –
Doch schweig nun, Thor. Sprich, wo der Ärmste weilet
Daß meine Liebe Alles mit ihm teilet."

„Sigyn bleib hier, noch kennst Du nicht sein Leid,
Nicht für dies Leben, auch in Ewigkeit
Bleibt er verflucht. Gelöst ist jeder Bund –
Er muß zurück nach Ginnungagabs Schlund,
Der wesenleer, wo selbst kein Schatten rastet,
Dort bleibt der Schuld'ge, nur von Schmach belastet."

„Das sagst Du mir, gewalt'ger Donnergott? –
O treib' mit meiner Liebe nicht mehr Spott.
Was wäre sie, wenn jetzt zurück sie bebt,
Wo Einsamkeit von Nacht verhüllet schwebt?
Ich will ihn retten aus der Schuld Verderben,
Vom Weltumspanner Gnade ihm erwerben.

Groß war einst Loki, doch sein Feuergeist
Voll Übermut, hat Fernen schnell durchreist.
Er war zu kühn, vergaß was ihm gebührt,
Und Keiner hat vom Irrweg ihn geführt.
Er war zu schön, zu reich begabt geboren,
An seiner Größe ging der Gott verloren.

Ich schwaches Weib, erfüllt von Liebesmacht,
Erhell' ihm selbst noch Ginnungagabs Nacht.
Durch Einsamkeit soll Liebeszauber wall'n,
Ausschmücken ihm des Weltenabgrunds Hall'n.
Mein Lieben wird selbst seine Schuld verklären,
Zu Gimils Höh'n den Aufgang ihm gewähren."

Sie ging. Thor blickt dem Weibe staunend nach,
Des' Liebe so gewalt'ge Schranken brach. –
Hat er bisher allmächtig sich geglaubt,
Ihm ward der Glaube seiner Macht geraubt.
Er wußte nun, daß Liebe konnt' erringen,
Das höchste Ziel, wenn frei nur ihre Schwingen.

Er folgt ihr nach, sie floh von Ort zu Ort,
Als trügen sie die flücht'gen Winde fort.
Er bot ihr Beistand, doch sie dankt ihm mild,
Vor ihrer Seele schwebt des Gatten Bild:
„Laß nun allein den Schritt mich zu ihm lenken,
Denn Vieles, Vieles hab' ich zu bedenken." –

Doch weh, als sie die Höhle fast erreicht
Erklang Geschrei, das ihr das Herz erweicht.
Von Mitleidsschwäche fühlt sie sich bedroht, –
Wird sie ertragen seines Jammers Not?
Sie muß! Erzwingen gilt es Seelenstärke,
Die Liebe gibt ihr Kraft zu jedem Werke.

Sie tritt hinein, erkennt beim Lichtesstrahl,
An Felsen festgeschmiedet den Gemahl.
Kein Teil am Körper ist noch unverletzt,
Das schöne Antlitz blutend, arg zerfetzt,
Die Augen blöd, vom Leidenskampf durchzogen,
Und Händ und Füße krumm von Qual gebogen.

Nun wandelt sie kein schwach Gefühl mehr an,
Sie weiß sogleich, wo Schmerz sie lindern kann,
Steigt auf den Fels', daß nicht der Schlange Gift
Des Armen vielzerrissnes Antlitz trifft,
Entfernt vom Haupt' des scharfen Saftes Lauf,
In ihren Händen fing Sigyn ihn auf.

Und Loki hebt den peindurchwühlten Leib,
Sieht über sich sein oft gekränktes Weib.
Die weißen Hände, denen er geweiht
Manch' heißen Kuß in längst vergang'ner Zeit,
Nie sind sie ihm so wunderschön erschienen,
Als nun, wo sie als Qualenlind'rer dienen.

Doch rasch verschließt er, schreckerfüllt, den Blick,
Erinnerung führt ihm allen Gram zurück,
Den er dem Weib, dem edlen, oft gebracht.
Der Reue Schmerz zum ersten Mal' erwacht.
Nun weiß er was sein wüster Sinn verschuldet,
An ihr, die klaglos jedes Weh erduldet.

Er sucht das Wort, die Zunge scheint gelähmt,
Zu klein ist jedes, ach, er fühlt beschämt,
Daß selbst die Zukunft niemals lösen kann,
Des Schuldbewußtseins grauenvollen Bann.
Und er ermißt der eig'nen Armut Blöße
An seines Weibes hoher Tugendgröße.

Doch sie erkennt, was neuen Schmerz beschied.
Wo gäb' es Leid, das Liebe nicht erriet?
Sie findet Worte, wundersüß und hold,
Wie sie nur steh'n in heil'ger Liebe Sold,
Die schwersten Kummer, der in ihm erstiegen,
Durch milden Laut, von Heil erfüllt, besiegen.

Der Söhne Tod, der Fess'lung graus'ge Art,
Kein Tropfen bittern Tranks blieb ihr erspart;
Von Weh zerrissen, lieh ihr starkes Herz
Auch hier dem Gatten Trost im höchsten Schmerz.
Je größer sich des Elends Maß gestaltet,
Um so gestählter sich ihr Sinn entfaltet.

Und wenn das Gift, das ihr das Fleisch zerfraß,
Gefüllt der Hände köstlich Opfermaß,
Dann goß sie's aus, das schafft ihm solche Pein,
Daß überall hinschallt sein gräßlich Schrei'n,
Die Erde bebt', Vulkane spieen Feuer,
Das Meer schwoll auf zum Riesenungeheuer.[148]

Und Odins Geist, dem Wissensmacht erteilt,
Hat sinnend oft bei Lokis Qual verweilt,
Und als er schaut des edlen Weibes Tat,
Gewann er Friggas mitleidvollen Rat.
Sie zogen Beide zu des Kerkers Klüften,
Die Licht gefloh'n, durchweht von Krankheits Düften.

Als Odin eintrat, ward es sonnenhell,
Es floß das Licht, ein reicher Segensquell,
Von Odins Haupt, verklärte Lokis Nacht.
Es sprach der Gott: „Was Orlogschluß gebracht,
Wird keine Macht, selbst keine Gottheit wenden,
Doch Lind'rung will ich Deinem Elend spenden.

Um Deiner Schuld, die unermeßlich groß,
Verhängt das dunkle Schicksal Dir Dein Los.
Frei wirst Du nicht, doch frei zu Deinem Heil
Ring ich vom Schicksal meines Blutes Teil,
An diese Tropfen, die Dich noch beleben,
Kann selbst das Schicksal Anspruch nicht erheben."

Und loser ward der Bänder fester Halt,
Sie drangen nicht mit Messerschnitt's Gewalt
In Lokis Fleisch. Ein Strahl von Sonnenschein
Zog nun für immer in die Höhle ein,
Er wärmt' des Armen wundenreiche Glieder.
Sigyn blickt' dankerfüllt zu Odin nieder.

Und Frigga, deren Seele voller Harm,
Trat zu Sigyn und legt um sie den Arm.
Sie sprach: „Hat Loki mir den Sohn geraubt,
Um Dich lös' ich die Schuld von seinem Haupt.
Wie hoch auch sind der Mutter Liebestriebe,
Doch höher ist Verzeihung heil'ger Liebe."

Dem gift'gen Wurm entträufelt Gift nicht mehr,
Und waren Lokis Leiden auch noch schwer,
Trug er gerecht, was Odins mächt'ge Huld
Nicht löschen konnt von seiner großen Schuld. –
Odin und Frigga schritten ernst von dannen,
Sie wußten was die Nornen schweigend spannen.

E. Ph. Fleischer pinx. Fr. Bruckmann rep.

# Surtalogi Weltbrand

# Surtalogi

Weltbrand

Befangen im Leichtsinn des achtlosen Spiels,
Vergessend des großen erhabenen Ziels,
Das Göttern gestellt,
Verloren die Asen die Tafeln der Welt.

Die goldenen Scheiben[149], die Odin beschrieb
Mit heiligen Runen, daß immer verblieb
Was fest er gesetzt
Als Pflicht, und nicht werde durch Treubruch verletzt.

Entwendet durch Zauber drei mächtiger Frau'n[150],
Die neidisch die Hoheit der Götter erschau'n,
Ruht längst schon der Schatz
Der göttlichen Macht am verborgenen Platz.

Es folgten die Asen, durch Schönheit berückt,
Den Frauen zur Heimat, und Mancher entzückt
Durch Glanz, der nicht echt,
Erwählte die Gattin vom Riesengeschlecht.

Und Väter und Mütter, Geschwister entzweit'
Die schmachvolle Wahl, sie gerieten in Streit,
Und Haß wuchs empor
In Herzen, die heiß sich geliebet zuvor.

Doch furchtbar entfesselt der Krieg seine Wut,
Die Riesen vermischten mit Gift und mit Blut[151]
Kraft spendende Luft,
Daß Krankheit vernichte den wonnigen Duft.

Iduna[152], die Yggdrasils Gipfel bewohnt,
Sie wurde von finsteren Mächten entthront,
Sank tief in den Baum;
Das Alter nahm Sitz im verlassenen Raum.

Der goldenen Äpfel verjüngende Macht
Entschwand mit der Göttin zugleich in die Nacht.
Die Harfe vertönt',
Die lieblich die Feste der Götter verschönt'.

Und Hati und Sköll, die von Fenrirs Geschlecht,
Erspähten heißhungrig nach Krieg und Gefecht
Die Leichen zum Mahl,
Verzehrten sie gierig, wie groß auch die Zahl.

Die Beiden des endlichen Sieges bewußt,
Erhöhten die Eile voll scheußlicher Lust,
Im tödlichen Haß
Verschlangen sie Mond und Sonne zum Fraß.

Und Midgard erbebte, es zittert' das All,
Es lösten sich Felsen vom riesigen Wall,
Zum Schutz einst erbaut,
Als Göttern und Menschen vor Riesen gegraut.

Entsetzliches Wetter[153] brach überall aus,
Es kämpften die Stürme im rasenden Strauß.
Empört war Natur,
Erstarrt ruht' das Wasser, die grünende Flur.

Im Wirbel flog Schnee von dem Himmel herab,
Legt prangende Schönheit in eisiges Grab.
Und Kälte fiel ein,
Zersprengte der Mauern zeittrotzend Gestein.

Die Schöpfung erkrankt', ward von Liebe so leer,
Daß Eltern selbst schonten der Kinder nicht mehr,
Ein Jeder bedacht
Voll Eigennutz, wie er sich schützt und bewacht.

Laut krähte auf Asgard der goldgelbe Hahn[154],
Sein Weckerruf brach sich gar weithin die Bahn;
Die Antwort verriet
Den schwarzroten Vogel auf Helas Gebiet.

Doch gellender drang noch die Stimme hinaus
Vom Wecker der Riesen. Des Meeres Gebraus
Verlor sich am Strand,
Hochrot war des Hahnes gefiedert Gewand.

Nun stieß auch der Wächter von Asgard voll Zorn,
Die Götter anfeuernd, kampflustig in's Horn.
Bald waren bereit
Die Hohen und stattlich gerüstet zum Streit.

Die Ketten zerreißend am felsigen Land,
Ward Nagelfar[155] frei, stieß in's Meer weit vom Strand;
Hrym steuert' das Schiff
Vorüber an Brandung und drohendem Riff.

Das Totenschiff, das nur von Herrschern besetzt,
Die Hader entzündend das Recht stets verletzt,
Ließ Alle nun frei,
Sie eilten frohlockend zum Weltkampf herbei.

Auch Leidenschaft, die sich bisher noch verbarg,
Entstieg nun dem finstern, verschlossenen Sarg.
Nidhöggr verdarb,
Was ringend und werdend Gestalt sich erwarb.

Die Früchte verkamen, die Wesen ernährt,
Die Quellen versiegten, die Labung gewährt.
Der Hunger gesellt
Sich furchtbaren Aussehns der zuckenden Welt.

Er wandert hohläugig im schlotternden Kleid,
Und vor ihm schritt eilig verzehrender Neid,
Sie zogen herum,
Doch wo sie sich zeigten, ward Alles gleich stumm.

Und andre Gewalten, die Schlaf noch bedeckt,
Sie wurden vom Notschrei der Zeit nun erweckt,
Sie waren bereit
Die Greuel zu häufen im gräßlichen Streit.

Da wuchsen und wuchsen Gebilde empor,
Der Rachesaat Erben, ein gräßlicher Chor;
Allüberall tönt
Nur Heulen und Schreien, das Hoheit verhöhnt.

Verkörpert, abscheulich in Leibern enthüllt
Sich Sünde, die früher sich scheu noch verhüllt;
Lohfeuer entflammt
Den Lastergeburten, dem Weltbrand entstammt.

Kaum gibt es noch Worte, zu künden die Schmach! –
Die festesten Bande der Fenriswolf[156] brach,
Von Gleipnir getrennt,
Das wütende Untier die Feu'ren durchrennt.

Mit klaffendem Rachen berührte der Wolf
Den Himmel, die Erde, den Meeres-Golf;
Der weiteste Raum,
Genügt' dem nach Beute Begierigen kaum.

Im Meere erhob sich mit schlagendem Schweif
Die Schlange, Gift speiend, ein feuriger Streif
Flog hin bis ins Land,
Setzt' Lüfte und Wasser in lodernden Brand.

Wild tobte der Aufruhr im tollkühnen Lauf,
Er drang bis zum Himmel des Weltalls hinauf,
Riß Alles herab,
Stürzt' strahlende Sterne in gähnendes Grab.

Her ritten in wogender, feuriger Glut,
Von Surtur[157] geführt, des köstlichstes Gut
Sein flammendes Schwert,
Die Söhne des Feuers, gar trefflich bewehrt.

Auftat sich die Höhle, die Loki verschloß,
Er macht' von den eisernen Fesseln[158] sich los;
Auch Hela entstieg
Aus düsterer Pforte, aufjauchzend im Sieg.

Allvater aufbietend die göttliche Macht,
Vorausseh'nd das Ende der furchtbaren Schlacht,
Bewältigte nicht
Trotz eigener Größe, das strenge Gericht.

Hochherrlich wie immer, von Schuld nicht bedrückt,
Ward schuldlos der Gott vom Verhängnis umstrickt,
Das Schande und Not
Den Asen erteilte und schmachvollen Tod.

Die Raben sandt' Odin weithin durch das All,
Zu späh'n was beschleunigt den drohenden Fall,
Was aufhielt Geschick; –
Die Vögel, sie kehrten zum Gott nicht zurück.

Zu Mimir auf Sleipnir enteilt er sofort,
Rat heischend, doch Mimir erwidert kein Wort,
Tief senkt er das Haupt. –
Nun war auch dem Gott jede Hoffnung geraubt.

Von Welten verheerenden Stürmen bedroht,
Von Muspels aufwirbelnden Flammen umloht,
Schwankt Yggdrasil schon,
Des endenden Götterreichs stürzender Thron.

Da rüstet' sich Odin mit köstlichster Pracht[159],
Im Goldhelm, als Vorderster ritt er zur Schlacht;
Der Harnisch bedeckt'
Die Brust dem, den niemals Gefahren erschreckt'.

Zur Rache entflammet, stand längst auf der Hut
Der Würger des Gottes, von rasender Wut
Zum Kampfe erfüllt,
Der Fenriswolf, der seine Kraft nun enthüllt.

Im göttlichen Zorne, mit Hoheit geschmückt,
Hielt Odin den Wurfspeer auf Fenris gezückt,
Des Ansprung's bereit
Führt Fenris als Waffen gleich Flammen zum Streit.

Die Zügel von Sleipnir nun schneller verkürzt
Der Gott, bevor in den Kampf er sich stürzt.
Doch fürchtete längst
Des Wolfes todbringenden Angriff der Hengst.

Thor wollte erretten, schon schwingend die Faust,
Den Vater, da kam aus dem Wasser gebraust
Thor feindlich, voll Haß
Die Schlange des Weltmeers spie giftiges Naß.

Des boshaften Fenris entfesselte Macht
War nun zur Vernichtung der Schöpfung erwacht,
Den Asen zum Spott
Verschlang der Wolf Odin, den herrlichsten Gott.

Vom grausigen Unheil getroffen in's Herz,
Entsandte den Hammer im maßlosen Schmerz
Thor, warf ihn gewandt,
Schnell tötend die Schlange mit wuchtiger Hand.

Doch sterbend entlud sie das Gift noch einmal,
Da sank durch den lebenverlöschenden Strahl,
Nidhöggr zum Raub,
Der wettergestaltende Gott in den Staub.

Und Surturs Genossen sie folgten ihm nach,
Da kracht es, der Bogen von Bifröst zerbrach,
Von Göttern erbaut
Als prächtigste Brücke, die jemals geschaut.

Sieg heischend, im Vorsturm sprengt Surtur daher,
Viel Flammen entstiegen weltstürmender Wehr,
Dem strahlenden Schwert.
Verzweiflung faßt' Freyr, der seines entbehrt.

Er griff nach der Keule, die markig er schwang,
Doch Muspelheims Glut ihm die Waffe verschlang,
Die Keule von Erz.
Den Lichtgott traf Surtur in's glühende Herz.

Im maßlosen Schrecken vertauschte sein Horn,
Das Wachtamt vergessend, im mächtigen Zorn
Der Göttergenoß[160]
Mit mordendem Wurfspieß und schnellem Geschoß.

Genüber trat Heimdall in tobender Schlacht
Dem Loki zum Gegner in dunkeler Nacht,
Der endlich befreit
Nun hofft zu gewinnen den furchtbaren Streit.

Der schreckliche Loki, den Rache genährt,
Todfeind jedem Gott, doch im Streit nun bewährt,
Ihm kochte vor Wut
In trunkener Kriegslust das tückische Blut.

Heiß kämpften die Männer, umschlangen sich wild
Im würgenden Ringen, fortwerfend den Schild.
Ein Jeder ein Held,
Bis sanken die Leichen der Beiden auf's Feld.

Los war nun auch Garm[161], der das finstere Tor
Von Hehlheim bewachte, schnell brach er hervor
Und wählte sich aus
Die Leichen der Götter zum köstlichen Schmaus.

Da packte den Schwelger, den Feinden zum Trotz,
Die mächtige Hand des kriegwaltenden Gotts;
In kürzester Frist
Fiel Garm, doch auch Tyr starb durch Zauber und List.

Nun raste bluttriefend durch Wigrids Gefild
Der Fenriswolf, suchend nach göttlichem Wild,
Doch Widar entdeckt'
Das Untier, das überall Grauen erweckt'.

Er stieß in den Rachen mit schnellem Entschluß
Den Machtschuh[162], bewehrten, Sieg bringenden Fuß.
Und Fenris erlag
Am gräuelgehäuften, entsetzlichen Tag.

Fort tobte die Schlacht, das Blut floß umher,
Rot färbt' es die Ströme, rot glühte das Meer;
Da schleudert den Brand
Des Welten vernichtenden Feuergott's Hand.

Wild toste das Wasser in steigender Flut,
Es brausten die Wellen in züngelnder Glut,
Dann stürzte das All,
Ein riesiger, mächtiger, flammender Ball.

# Epilog

Viel Jahre vergingen, seit Asgard erlag
Durch Feuer vernichtet am furchtbaren Tag.
  Die Welt kam zum Fall,
Da baute der Schöpfer noch einmal das All.

Von Neuem umgab Er's mit nährender Luft,
Die würzend durchwehte erquickender Duft.
  Die Sonne ging auf,
Zerteilte die Nebel im flüchtigen Lauf.

Die Götter erstanden[163], die Schlummer bedeckt,
Vom Rufe des Weltumspanners erweckt;
  Sie fanden im Gras
Die goldenen Tafeln, die Odin vergaß.

Doch von den Gesetzen, die Odin einst schrieb,
Kein Zeichen im schnöden Metalle verblieb,
  Sie waren verwischt
Wie Lichtglanz auf sinkender Welle erlischt.

Als Odin vom Grunde den Griffel erhob,
Um Runen zu ritzen, der Schriftzug zerstob,
  Die Tafel blieb leer –
Die bindenden Stäbe, er fand sie nicht mehr.

Es hatten die Götter voll Selbstsucht im Streit
Die hohe, erhabene Sendung entweiht,
Vom Urgeist erteilt.
Die Schuld wurde bald vom Verhängnis ereilt.

Sie hatten die eig'nen Gesetze verhöhnt,
Die Einheit gebrochen und Lastern gefröhnt,
Im Wahn sich erfrecht
Durch Willkür zu fesseln die Freiheit, das Recht.

Durch Willkür entkettet wuchs Aufruhr an Macht,
Die wildeste Leidenschaft wurde entfacht,
Sie brachte das All,
Die einstige Herrschaft der Götter zum Fall.

Als nachmals die Götter durch mächtigen Ruf
Belebend der Weltumspanner erschuf,
Nahm er die Gewalt,
Doch gab er Gesetze von ewigem Halt.

Und diese Gesetze, die niemals vergeh'n,
Sie bleiben im Wandel der Formen besteh'n.
Gesetz der Natur!
Du leitest allein zu des Weltgeistes Spur.

— — — — — — — —

Germanen, ein Volk aus der ältesten Zeit,
Oft führte Euch Zwietracht zu schrecklichem Streit.
Viel Unheil entstand,
Wenn keck Ihr zerrisset der Einigkeit Band.

Dann kam't Ihr in Elend, in geistige Not,
Gesetz ward gelockert, von Feinden bedroht,
Die Willkühr nahm Platz,
Beherrschte den köstlichen, geistigen Schatz.

Nun seid Ihr an Macht und an Ehren so reich,
An Tapferkeit, Größe den Edelsten gleich,
Drum lenkt Euren Sinn
Zur Wahrheit, zur Freiheit, zur Einigkeit hin.

# Anmerkungen

1) Ginnungagab, Weltabgrund, ein öder, unausgefüllter Raum. Wörtlich bedeutet Ginnungagab Gaffen der Gähnungen, gähnender Abgrund. Ältere Edda, Wöluspa Strophe 3. Der Abgrund mußte ausgefüllt werden. Am nördlichen Ende bildete sich Nifelheim, Nebelheim, da war es kalt, am südlichen Muspelheim, die Flammenwelt.

2) In Nifelheim war ein tiefer Brunnen, Hwergelmir, der rauschende Kessel, Urquell alles Seins, wohin auch alles Geschaffene zurückkehrt.

3) Aus Hwergelmir ergossen sich zwölf Ströme, Eliwagar (die fremden Wogen) genannt; sie erfüllten die Leere Ginnungagabs; Wasser war der Urstoff, aus dem Himmel und Erde sich bildeten. Im Norden fror das Wasser, es bildete sich durch Dunst, der von Süden kam, zu Eis und Schnee; Sturm und Ungewitter entstand hier, aus dem Süden flogen Feuerfunken von Muspelheim darüber. Eliwagar ist auch gleichbedeutend mit Giftstrom.

4) Surtur, Beherrscher der Flammenwelt Muspelheims.

5) Ymir, auch Örgelmir genannt, entstand durch Reif und Glut; als der Reif durch die ihm begegnende Glut schmolz, erhielten die Tropfen Leben, es entstand ein Menschengebild, ein Frostriese, Hrimthurse genannt. Ymir (stammt von *Ymja stridere*, rauschen, tosen, wie Örgelmir, der rauschende Lehm) ist der gährende Urstoff, Sinnbild ungeordneter Naturkräfte, der Materie. Ältere Edda. Vafthrudnismal, Strophe 30. 31.

6) Eliwagar, auch Giftstrom, hatte Anteil an Ymirs Entstehen; da derselbe aus Wasser oder Eis und Feuer gebildet wurde.

7) Die Kuh Audhumbla, die schatzfeuchte, saftreiche, entstand durch Feuerfunken und schmelzendes Eis.

8)Audhumbla leckte aus salzigen Eisblöcken den ersten schönen Mann (Buri) hervor, sie ist also wohl als die Wärme gedacht, die das Eis verzehrt, als das züngelnde Feuer, das von Muspelheim herüber sprüht. Das Salz ist belebend und ernährend, es dient als Bild geistiger Kraft und Nahrung. Germanische Völker stritten um die heiligen Salzquellen.

9) Buri der Schaffende. Der Sohn Buris hieß Bör. Aus sich selbst erzeugte Buri Bör, den Gebornen.

10) Ymir schuf sich selbst Söhne und Töchter. Ältere Edda. Vafthrudnismal, Strophe 35.

11) Bölthorn, ein Riese, stammte von Ymir; Bör vermählte sich mit dessen Tochter Bestla.

12) Bestla, Tochter Bölthorns.

13) Wurfger. Ger ist gleichbedeutend mit Spieß, Speer. Ältere Edda. 3. Helgakvidha II. Strophe 12.

14) Nifelheim, dunkelster Ort Ginnungagabs.

15) Dreizahl, die Nornen.
Urd, Vergangenheit.
Werdandi, Gegenwart.
Skuld, Zukunft.

Die Nornen waren schon vor den Göttern. Sie wohnen in einem Saal an der Esche Yggdrasil, die Esche, die den Weltbau trägt. Es befinden sich drei Brunnen an dem Weltbaum, der erste heißt Urds Brunnen, nach der ältesten der Nornen, die Nornen besprengen mit seinem Wasser die Wurzeln der Esche.

Der zweite Brunnen heißt Mimirs Brunnen, nach Mimir dem Weisen, der daran wohnt. Mimir ist ein Riese; da die Riesen das älteste Geschlecht sind, befinden sie sich im Besitz uranfänglicher Weisheit.

Der dritte Brunnen an der dritten Wurzel ist Hwergelmir, aus dem die zwölf Ströme kommen; hier ist die Unterwelt, Hels Wohnung.

Urds Brunnen verjüngt. Da er nach der ältesten Norne benannt ist, werden wir daran erinnert, daß das Volksleben aus der Vergangenheit erfrischt werden muß. Die Geschichte muß dem Volk, wenn auch nur in Gestalt der Sage gegenwärtig bleiben, es muß sein geschichtliches Bewußtsein bewahren, wenn es nicht frühzeitig altern soll.

Mimirs Quelle ist älter als die Urds; die darin verborgene Weisheit liegt über die Menschengeschichte hinaus, in ihr sind die uranfänglichen Dinge verborgen. Nur die urgebornen Riesen haben davon Kunde, selbst Odin mußte sein Auge zum Pfande setzen, als er einen Trunk der Weisheit daraus verlangte. Die Quelle entzieht sich nicht ganz der Forschung, da der Gott des Geistes den Trunk erwirbt.

Der dritte Brunnen, der bis zu Hel reicht, ist der älteste, es ist Hwergelmir, der Brunnen, aus dem der Urstoff entquoll, zu dem alles Sein zurückströmt. Hel wird als den Nornen verwandt gerechnet.

16) Orlogschluß, gleichbedeutend mit Schicksalsschluß. Orlog, das Schicksal, die ewige Weltordnung waltete über den Göttern und Menschen und war nur dem unausgesprochenen höchsten Gott, dem Weltumspanner, bekannt. Er wußte Alles voraus, heftete das Schicksal, den Orlogschluß an die Taten, so daß er sich mit diesen zugleich erfüllen mußte.

17) Wie Odin auf Geist, so scheint Wili auf Wunsch, We, auf Streben nach Edlem zu deuten.

18) Sinflut, große Flut, allgemeine Flut. Siehe Simrock, Handbuch der deutschen Mythologie, Cap.9. Wägner, Nordisch-Germanische Vorzeit. Pag. 26.

19) Nidhöggr, die Schlange, der Giftwurm, der die Wurzeln Yggdrasils, der Weltesche, benagt.

20) Urds Brunnen, mit dessen Wasser Yggdrasil begossen wurde.

21) Siehe Anmerkung 15.

22) Von Odins Raben Hugin und Munin heißt es ältere Edda, Grimnismal Strophe 20: „Hugin und Munin müssen jeden Tag über die Erde fliegen. Ich fürchte, daß Hugin nicht nach Hause kehrt: Doch sorge ich mehr um Munin."

23) Runengesänge. Odin lernen wir als Erfinder der Dichtkunst kennen, indem er Runen und Runenlieder ersann.

24) Thrudgelmirs Sohn, Bergelmir, ein Enkel des Riesen Ymir, rettete sich auf einem Boote aus der Flut; von ihm stammt das neue Hrimthursengeschlecht. Bergelmir war als Riese gleichfalls Feind der Götter. Ältere Edda, Vafthrudnismal Strophe 28. 29.

25) Aus Ymir wurde die Erde geschaffen. Ältere Edda, Grimnismal Strophe 40.

26) Jüngere Edda, Dämisaga 8. pag. 246 heißt es: Sie nahmen seinen Hirnschädel und bildeten den Himmel daraus, erhoben ihn über die Erde mit vier Ecken oder Hörnern, unter jedes Horn setzten sie einen Zwerg; sie heißen Austri, Vestri, Nordri, Sudri.

27) Aus Muspelheim kamen Feuerfunken, Odin ordnete sie als Sterne am Himmel.

28) Jördh, auch Jörd, vertritt die von Menschen noch nicht bebaute Frühlingserde. Sie war die erste Gemahlin Odins, Mutter des gewaltigen Thor, der so hoch wie Odin verehrt wurde. Onar oder Anar, Gemahl der Nacht, war Jördhs Vater. Dämisaga 9. jüngere Edda. Dämisaga 10. Simrock pag. 28.

29) Vom Sohne Bölthorns, Bestlas Bruder, lernte Odin neun Runenlieder und zwar Hauptlieder, die ihm Macht gaben alle Runen zu ergründen, Runen überall zu entdecken. Auch tat er einen Trunk aus dem Kessel Odhrörir, der den Dichtermeth enthielt. Der Meth entstand aus dem Blut des weisen Quasir, den Zwerge getötet hatten, weil sie die Weisheit Quasirs fürchteten. Das Blut sammelten sie im Kessel Odhrörir; wer davon trank, wurde ein Dichter oder ein Weiser. Ältere Edda. Hawamal Strophe 140. 141. Dämisaga 57.

30) Ältere Edda, Hindluliodh Nr. 41 heißt es: Einst kam ein Andrer, mächtiger als Er, doch ihn zu nennen wag ich nicht.

31)Jördh, Göttermutter als Mutter Thors und Großmutter von dessen Nachkommen.

32) Thor war Wettergott, segnete die Ehen und begrenzte die Besitztümer.

33) Nacht oder Nott, Tochter des Riesen Nörwi.

34) Naglfari, Erbauer des Totenschiffes, das aus den abgeschnittenen Nägeln der Verstorbenen erbaut wurde. Beim Weltbrand wurde das Schiff von selbst flott.

35) Das Schiff heißt Naglfar. Ältere Edda, Wöluspa Strophe 50.

36) Hel, Lokis und der Riesin Angurboda Tochter, den Göttern feindlich gesinnt, wie auch Loki und Angurboda von den Götter gehaßt werden, tritt erst später in die Sage ein; doch die Nacht ist vielwissend und sagt Hels Erscheinung voraus.

37) Nacht war zuerst mit Naglfari, dann mit Onar, dann mit Dellinger vermählt. Der Sohn Dellingers und der Nacht war der Tag.

38) Das Roß der Nacht hieß Hrimfaxi, d. h. reifmähnig. Ältere Edda, Vafthrudnismal Strophe 14.

39) Skinfaxi, Roß des Tages, Skinfaxi bedeutet lichtmähnig. Vafthrudnismal, ältere Edda, Strophe 12.

40) Der Midgardwall war rund um die Erde zum Schutze für die Menschen gegen die Riesen von den Göttern aufgerichtet. Die Riesen bewohnten die Seeküsten, die Menschen wohnten hinter dem Midgardwall.

41) Ran, Weib des Meerbeherrschers Ögir. Ran bedeutet Raub, Rafferin. Sie zog die Ertrunkenen in ihren Netzen hinunter in das Meer. Ran wird erwähnt ältere Edda, Grogaldr. Strophe 6.

42) Ögir, Beherrscher des Meeres. Ältere Edda Ögisdrecka. Ögir ist eigentlich als das Meer selbst gedacht und zwar als das schiffbare Meer.

43) Hymir. Ältere Edda, Himiskwidha Strophe 5. Das winterliche Meer, beide bekämpfen sich, denn die Eisberge des winterlichen Meeres dringen in die schiffbare See ein.

44) Niördr. Jüngere Edda. Dämisaga 27. Gebietet über See, Fischfang, Sturm. Seine Herrschaft ist zwischen Meer und Land geteilt.

45) Das erste Schiff, Skidblatnir, gehörte Niördrs Sohn, dem Lichtgott Freyr; dieser erhielt es als Geschenk von den Zwergen, und zwar von den Söhnen des Zwerges Iwaldi.

46) Die Riesen wünschten, daß der Midgardwall zerstört würde, weil dann ihre Macht sich erweitern könnte. Lokis Berührung macht ihn schwanken, die Zeit der Zerstörung ist aber noch nicht herangenaht.

47) Reginsschluß. Orlogschluß erscheint in der Regin, in den die Welt beherrschenden Mächten. Die Götter kamen am Urdborn zusammen, um die Geschicke zu bestimmen. So lange sie sündlos sind, teilt sich der Schluß des Urgeistes Odin mit, der ihn den andern Göttern verkündet; das ist wohl die Bedeutung des Reginschlusses.

48) Nacht und Mond sind als Liebende gedacht. Simrock pag. 30. Fornaldurs. (11. 7.)

49) Deutet Ebbe und Flut an.

50) Arkwakr heißt Frühwach. Alswidr, Allgeschwind, die Sonnenrosse. Ältere Edda. Grimnismal Strophe 37.

51a) Swalin, Name des Schildes, welches Odin der Sonne gab, damit durch ihre Glut die Welt nicht schon in Brand geriete. Grimnismal Strophe 38.

51b) Jarnwidhr hieß der Zauberwald, in dem die Riesinnen, Jarnwidhierinnen genannt, wohnten. Gygur, eine derselben, gebar die Wölfe Sköll und Hati, welche Sonne und Mond verschlingen sollten. Die Weiber waren mit Zauberkraft begabt. Ältere Edda. Wöluspa Strophe 32. 33.

52) Sköll bedeutet Rache, Hati Haß.

53) Wenn Mond- und Sonnenfinsternis eintreten, wurde angenommen, daß die Wölfe den Mond und die Sonne fast erreicht hätten.

54) Ältere Edda. Wöluspa Strophe 9. 10: Hochheilige Götter hielten Rat, wer schaffen sollte der Zwerge Geschlecht aus des Meerriesen Blut und schwarzem Gebein. Jüngere Edda. Dämisaga 14: Sie nahmen Ymir und bildeten aus ihm die Welt: Aus seinem Blute das Weltmeer. Die Zwerge waren zuerst erschaffen aus Ymirs Fleisch und waren da Maden.

55) Ältere Edda Wöluspa 17. 18. Loki und Lodur sind hier als Einheit gedacht, ein Name ging aus dem andern hervor. Loki war schön und sinnlich, Hönir ernst und überlegend, Odin der mächtigste an Geist. Loki und Hönir waren Blutbrüder Odins.

56) Thor hatte neben seinen früher erwähnten Eigenschaften auch Gewalt das Gute zu belohnen, das Böse zu bestrafen. Simrock Kapitel 18.

57) Yggdrasil. Yggr bedeutet Schauer, Drasil Träger, also Schauerträger. Laerd heißt der Wipfel der Esche, d. h. Stillespender. Tau tropft von ihr auf die Welt.

58) Zu Mimirs Grund, zu Mimirs Born, der von unten durch Hwergelmir, von oben durch Himmelstau gespeist wird.

59) Saal der Nornen an Urds Brunnen ist schon in Anmerkung 15 besprochen worden.

60)Ältere Edda. Grimnismal Strophe 31 heißt es: Drei Wurzeln strecken sich nach drei Seiten unter der Esche Yggdrasils. Hehl wohnt unter einer, Hrimthursen unter der andern, aber unter der dritten Menschen.

61) Die Esche, die den Weltbau trägt, wird von allen Seiten angefeindet. Andeutung der zerstörenden Gewalten, die allem Großen und Edeln feindlich entgegen treten. Heidrun heißt die Ziege, die von Laerds Zweigen zehrt. Jüngere Edda. Dämisaga 39. Die Ziege, die Heidrun heißt, steht über Walhall, sie weidet an den Zweigen des viel berühmten Baumes, dessen Wipfel Laerd genannt wird; von ihrem Euter fließt so viel Meth, daß alle Einherier davon vollauf zu trinken haben.

62) Eikthyrnir heißt der Hirsch vor Heervaters Saal, der an Laerds Laube zehrt. Von seinem Horngeweih tropft Tau nach Hwergelmir; davon kommen alle Ströme. Jüngere Edda. Dämisaga 39. Ältere Edda. Grimnismal Strophe 26.

63) Vier Hirsche, Grimnismal Strophe 33. Sie heißen Dain, Dwalin, Duneyr und Durathor. Jüngere Edda. Dämisaga 16.

64) Ein Adler thront auf der Esche, er weiß viele Dinge.

65)Ein Habicht, Wederfölnir genannt, sitzt auf der Stirn des Adlers.

66)Ratatöskr, ein Eichhorn, das des Adlers Worte zu Nidhöggr trägt und Zank schürt. Jüngere Edda. Dämisaga 16. Ältere Edda. Grimnismal 32.

67) Nidhöggr, der Giftwurm oder Drache, liegt an der Wurzel der Esche.

Wissen wir nicht alle Bilder zu erklären, so müssen wir sie doch als Vorzeichen des Weltunterganges nehmen. Haß und Zwietracht sind am Weltbaum vereint, zehren von seinen Säften, Zweigen, Laub u. s. w. Um den Untergang so weit als möglich hinaus zu schieben, besprengen die Nornen den Baum täglich mit dem Wasser aus Urds Brunnen. Dieses Wasser ist so heilig, daß Alles, was in den Brunnen kommt, so weiß wird wie die Haut, die inwendig in der Eierschale liegt. Simrock pag. 38.

68) Das verpfändete Auge Odins, das in Mimirs Brunnen versenkt wurde, soll wohl den Wiederschein der Sonne im Meere bedeuten. Mimir trinkt täglich aus dem Meere Erkenntnis, er ist als Riese Vertreter des Urwissens, das in seinem Brunnen quillt, während Odin Gott des Lichtes, des Sonnenscheins ist. Mimir erhielt durch Odins Auge Sonnenlichtschein, Odin durch den Trank aus Mimirs Brunnen Anteil am Urwissen.

69) Ältere Edda. Wöluspa 22. Odin frug Wöla um Rat, sie gab ihm keine Auskunft.

70) Walaskialf. Odins Palast. Grimnismal Strophe 6. Jüngere Edda. Dämisaga 17.

71)Hlidskialf, Odins Hochsitz, den nur er und Frigga ersteigen durften. Von da aus sah er die ganze Welt.

72) Die Wanen werden als Halbgötter angenommen, wohnten in Wanaheim. Sie sind als Götter des Gemütes und der Begierden zu betrachten. In der wiedergeborenen Welt finden sie keine Stelle. Simrock pag. 53.

73) Bifröst heißt der Regenbogen, die Brücke, auf der die Götter vom Himmel zur Erde stiegen. An Urds Brunnen hatten sie ihre Gerichtsstätte, dahin mußten sie täglich über Bifröst reiten. Jüngere Edda. Dämisaga 15. Der Regenbogen hatte drei Farben, das rote darin nahmen die Götter als Feuer an.

74) Gungnir, der Speer Odins. Speer ist mit Ger gleichbedeutend. Ältere Edda. Heldensage Helgakwidha Hundingsbanafyrri. Das erste Lied von Helgi dem Hundingstöter. Strophe 12.

75) Hel, Totenhüterin. Odin weiß voraus, daß sie beim ersten Todesfall im Reiche der Götter ihr Amt in Helheim antreten wird.

76) Der Wanenfürst ist Niördr. Derselbe begünstigte die Schiffahrt, beherrschte den Gang des Windes und stillt Meer und Feuer; man rief ihn zur See und bei der Fischerei an. Er war so reich, daß er allen, welche ihn darum baten, Gut, liegendes sowohl als fahrendes, gewähren konnte.

77) Tac. Germ. c. 45. Grimm Myth. 684. 703. 707.

Dem Anbruch des Tages und der Nacht, der auf- und niedergehenden Sonne wurde ein Schauern der Natur, eine Erschütterung, ja ein Schall, Getöse zugeschrieben, vielleicht weil sich Licht und Schall, Farbe und Ton entsprechen und zwischen beiden ein tiefer Zusammenhang waltet.

78) Es ist hier das Sternbild des Orion gemeint, dessen bekannter unauflösbarer Nebelfleck (welcher schon dem unbewaffneten Auge sichtbar ist und unter starken Refractoren einen sechsfachen Stern zeigt) wird in der germanischen Mythologie als Friggas Spinnrocken gedeutet.

79) Fensal hieß Friggas Palast. Derselbe lag auf einer Insel im Meere.

80) Bragi, Gott des Gesanges und der Dichtkunst, war mit Iduna, der Göttin, welche die Verjüngungsäpfel den Göttern reichte, vermählt. Beide wohnten auf der Weltesche Yggdrasil.

81) Die Götter spielten mit goldenen Würfeln und goldenen Scheiben. Auf goldene Scheiben schrieb Odin die Gesetze, die der unausgesprochene Gott seinem Geist offenbart hatte.

82) Gimil, jüngere Edda. Dämisaga 17. Am südlichen Ende des Himmels ist ein Palast, der Gimil heißt und der schönste

von allen ist, glänzender als die Sonne. Er wird stehen bleiben, wenn Himmel und Erde vergehen. Ältere Edda. Wöluspa Strophe 61. Da kehrt Baldur wieder in des Sieggottes Himmel. Siehe Anmerkung 162.

83) Frigga weiß alles. Jüngere Edda. Dämisaga 20: Odins Frau, Frigg, weiß aller Menschen Geschicke, obgleich sie es keinem sagt; auch sonst weiß sie, was sich begibt.

84) Gungnir, Odins Spieß, hatten die Söhne Iwaldis, Zwerge, verfertigt. Jüngere Edda. Dämisaga 61.

85) Skidblatnir, Freyrs Schiff. Jüngere Edda. Dämisaga 61.

86) Sif, Thors Gemahlin, ist als Erdgöttin aufzufassen, ihr Haar als das goldene Getreide, das im Herbst geschnitten wird und im nächsten Sommer wieder Halme trägt.

87) Der Ring Draupnir, der die Eigenschaft hatte, daß jede neunte Nacht acht gleiche Ringe von ihm niederträufelten, ist als Sinnbild der Fruchtbarkeit, oder der acht Monate, welche die Feldfrüchte bedürfen um zu gedeihen, anzunehmen.

88) Gullinbrusti ist der Name des goldborstigen Ebers, den der Zwerg Sindri für Freyr anfertigte; seine Borsten durchleuchteten die dunkelste Nacht, sie waren hell wie Sonnengold. Jüngere Edda. Dämisaga 61.

89) Freyr, Lichtgott, auch Gott des Wachstums, der Liebe. Freyr bestieg einst den Hochsitz Odins, Hlidskialf, den außer Odin und Frigga Niemand betreten sollte, und blickte auf die Welten hinab. Da sah er ein Mädchen nach einem Hause, das im Norden lag, gehen. Als sie die Hände erhob, leuchteten die Luft, das Wasser und die Welten strahlten wieder. Seine Vermessenheit rächte sich, er fiel aus Liebe zu ihr in Schwermut. Niördr, Freyrs Vater, ließ bei Freyr anfragen, weshalb er nicht rede? Freyr antwortete: er möchte nicht mehr leben, wenn das schöne Weib, das er gesehen, nicht sein würde. Freyrs Diener Skirnir sollte für Freyr um die schöne Gerda werben; er tat es erst, als Freyr ihm sein, sich von selbst schwingendes Schwert (den Sonnenstrahl) und sein gutes Roß gab. Skirnir gewann Gerda für Freyr. (Gerda, Erdgöttin, Aufbrechen des Frühlings, steht in Verwandtschaft mit den ungebändigten Naturkräften; im Winter durch Gewalten dämonischer Kräfte zurückgehalten, wird sie von der rückkehrenden Sonnenglut befreit.) Beim Weltbrand fehlt Freyr sein herrliches Schwert.

90) Jotunheim ist gleich Riesenheim, die Riesen heißen auch Joten.

91) Eschenspeer und Ulmenbogen, Ringsmal Strophe 25, 32, 39. Auch von Lindenholz wurden Waffen gefertigt, besonders Schilde.

92) Odin mußte die Zauberzeichen der Runen durch Gewaltlieder erwecken.

93)Angurboda, Angstbotin. Sie war Mutter Hels, der Herrscherin des Totenreiches in Helheim, Mutter des Fenriswolfes und der Schlange Jörmungandr, die in das Weltmeer um die Erde gelegt wurde. Weil sie also auch den Midgardwall mit umschloß, wird sie auch als Midgardschlange angeführt. Zur Zeit des Weltbrandes bringt sie durch ihre ungestümen Bewegungen das Meer zum Überfluten der Erde.

94) Freyja, Göttin der Schönheit und Liebe. Freyja war mit Odur vermählt. Odur wurde als Gott des Sommers angenommen. Derselbe verließ Freyja beim Herannahen des Winters, ohne daß sie die Ursache erfuhr; mit seinem Verschwinden war alle Freude von ihr genommen, die Blumen welkten auf der Flur. Ihre Tränen glänzten wie Gold. Sie suchte ihn und fand ihn auf grünen Matten bei Blumen und Vogelsang. Jedes Jahr, wenn das Sternbild der Jungfrau unterging, verließ er sie wieder. Suchen und Finden wechselte fortwährend ab.

95) Hel, die Hüterin der Toten, Fenriswolf und Schlange Jörmungandr.

96) Gullweig, Goldstufe, wurde als schönes Weib versinnbildlicht. Mit dem Golde kamen Habgier, Mord und andere Laster in die Welt. Gullweig trat auch als Zauberin auf, als solche hieß sie Heid.

97) Gullweig trieb Sudkunst, d.h. sie sagte aus dem Gebräu eines Zauberkessels wahr.

98) Gladsheim war der Vorhof Walhallas, ihn zierten Bäume, die mit goldenem Laub behangen waren. Hier hielten die Götter oft Gericht, die Asen und Einherier Kampfspiele ab.

99) Odin führte die keilförmige Kriegführung ein. Simrock Kapitel 67. Saxo 171. Müller 52, was nach *Tac. germ. acies per cuneos disponitur*, die den Deutschen eigentümliche Anordnung war.

100) Walkyren wirken mit am Schicksal, bei Entscheidung des Krieges. Die oberste der Walküren ist Freyja. Odin sendet dieselben in den Kampf. Sie entzünden den Heldengeist, wählen die Fallenden, walten des Sieges, tragen die Gefallenen hinauf nach Walhalla. In Walhalla leben die Toten auf, essen, trinken und kämpfen. Ältere Edda. Wöluspa Strophe 24 führt sechs Walkyren an, Grimnismal eine höhere Zahl. Einige von ihnen sind Mundschenkinnen, bedienen Odin und die Einherier. Grimnismal Strophe 36.

101) Meth oder Äl liefert die Ziege Heidrun, die von der Esche Yggdrasil zehrt.

102) Vom Eber Sährimnir wird das Fleisch täglich gesotten und Abends ist er wieder heil. Jüngere Edda. Dämisaga 38.

103) Iduna, Tochter des Zwerges Iwaldi, doch war sie nicht Zwergin, sondern schlank und schön.

104) Der Baumeister Smidhr, d.h. Bläser, war ein Reifriese oder vielmehr der Winter selbst, der eine Eisburg um Asgard errichten wollte. Wenn diese so hoch um Asgard aufgerichtet worden wäre, daß Sonne und Mond nicht mehr hinein scheinen konnten, würde Alles verdunkelt werden, verderben und Freyja, die Göttin der Liebe, entfliehen.

Das Roß Swadilfari, d.h. Eisführer, ist der Nordwind, Loki treibt es durch den Südwind fort.

105) Thor erscheint als sommerlicher Gewittergott, durch warmen Wind und Sommerluft taut das Eis auf, sein Blitz schlägt den Baumeister nieder.

106) Gullweig. Siehe Anmerkung 96.

107) Wenn die Goldstufe im Feuer geläutert wird, tritt das Gold immer reiner hervor.

108) Jüngere Edda 108. Die erste Kette, die dem Wolf angelegt wurde, hieß: Läding, der Wolf zerbrach sie; die zweite stärkere hieß Droma, des Wolfes Kraft wuchs, er zersprengte sie; die dritte fein geflochtene, die schwach wie feines Seidenband schien, hieß Gleipnir.

Der Wolf ist zur Vernichtung geschaffen. Die wilden Leidenschaften waren herangewachsen, durch sie wird Freude und Glück zerstört, Vernichtung bricht herein. Tyr, der gewaltige, mutige,

Kriegsgott, hält sie noch eine Zeit lang auf, opfert dabei aber die Hälfte seiner Kraft, eine Hand.

Gleipnir ist auf Gesetz, Sitte zu deuten, die von den Göttern nochmals durch das Band in Schranken gehalten werden; als Fenrir dasselbe zerreißt, bricht der Untergang ein.

109) Skirnir ist Freyrs Diener.

110) Jüngere Edda. Dämisaga 34.

111) Lyngwi, Insel im See Amtswartnir. Simrock pag. 98. Die Felsen, an welche der Fenriswolf gefesselt wurde, hießen Giöll und Thwiti, sie wurden zu einer Höhle zusammengefügt.

112) Tyr, der Kriegsgott, wurde als sehr kühn angenommen; er herrschte über den Sieg im Kriege. Wer kühner ist im Kriege als Andere und sich vor nichts scheut, von dem sagt man, er sei tapfer wie Tyr. Er ist auch so weise, daß man von den Klugen sagt, sie seien weise wie Tyr. Jüngere Edda. Dämisaga 25.

113) Odin suchte die tote Wöla auf, um Weissagung von ihr zu empfangen. Ältere Edda. Wegtamskwidha.

114) Ältere Edda. Wöluspa. Strophe 36, 37, 38, 39 erzählen wie Baldur Unheil droht, daß Frigga alle Dinge beschwor, Baldur nicht zu schädigen; nur einem kleinen Mistelzweig, den sie für zu unbedeutend hielt, nahm sie den Eid nicht ab. Der herrliche Lichtgott Baldur, der, wohin er kam, Glück, Frieden, Segen brachte, konnte nur durch etwas Unnatürliches getötet werden. Baldur ist das Licht, also unverletzlich durch Wurf und Schlag. Die Mistel ist ein Gewächs des Winters, sie bedarf des Lichtes nicht, von ihr wurde kein Eid genommen, sie ist die Waffe, die Baldur tödlich trifft. Auch ist die Mistel, weil sie so unbedeutend ist, vernachlässigt. Das scheinbar Unbedeutendste kann in der Hand des Bösen zur stärksten Waffe werden.

115) Einherier waren die rühmlich in der Schlacht gefallenen Kämpfer, besonders die, so im Einzelkampf fielen, nur diese kamen nach Walhalla.

116) Falland-Vörandi heißt die Schwelle zu Helas Saal, sie bedeutet plötzlichen Einsturz.

117) Am nördlichen Ende des Himmels saß ein Riese, der auch Adlergestalt annahm, sein Name Hräswelgr heißt Leichenschwelger. Wenn er zu fliegen versucht, entsteht Wind unter seinen Fittigen. Unter diesem Adler ist der eisige Nordwind zu verstehen, der das Leben der Natur teils tötet, teils in Schlaf legt.

118) Geri und Freki sind Odins Wölfe, die ihn überall begleiteten.

119) Helheim hieß das Totenreich Helas.

120) Nanna, Baldurs Gattin, starb, als sie seinen Tod erfuhr. Forsetti, beider Sohn, war ein kluger Berater bei Rechtsstreitigkeiten, Stifter des Friedens. Nanna ist der Blüte zu vergleichen, die durch Wärme und Licht erblüht; wenn diese schwinden, verwelkt sie.

121) Als die Götter alle Wesen um Baldurs Tod weinend fanden, trafen sie in einer Höhle ein Riesenweib, das nicht weinte. Thöck, das ewige Dunkel (eigentlich Döck, da Döck Dunkel bedeutet). Die Asen baten das Weib, sie möge Baldurn aus Hels Gewalt weinen helfen, sie antwortete: „Thöck muß weinen mit trocknen Augen über Baldurs Ende. Nicht im Leben, noch im Tod hatt' ich Nutzen von Baldur. Behalte Hel, was sie hat." Jüngere Edda. Dämisaga 49.

122) Hringhorn hieß das Schiff, auf dem Baldur verbrannt werden sollte.

123) Baldur, Licht- und Sonnengott. Der blinde Hödur, das unschädliche Dunkel, folgt nach der Ordnung der Natur der Herrschaft des Lichtes; der Wechsel der Jahreszeiten kann nicht entbehrt werden. Hödur ist eigentlich nicht schuldig, doch muß Rache an ihm genommen werden, um die Tat zu sühnen. In der verjüngten Welt wohnen Baldur und Hödur friedlich in des Siegsgotts Himmel. Wöluspa Strophe 61.

124) Loki verleitete den blinden Hödur.

125) Wali, Sohn der Rinda und des Sonnengottes Odin. Rinda bedeutet die winterliche Erde, die Odin umwarb, als der Sommer vorüber war.

126) Surtologi heißt Weltbrand.

127) Ältere Edda. Wöluspa 61. In des Siegsgottes Himmel wohnen Baldur und Hödur, die wahlweisen Götter.

128) Himinbiörg (Himmelsburg), die Wohnung Heimdalls, des Götterwächters; sie wurde am äußersten Ende des Himmels gedacht. Ältere Edda. Grimnismal Strophe 13.

129) Heimdall war der Sohn der neun Wellenmädchen und Wächter Asgards und der Götter. Sein Roß hieß Gultopr, Goldzopf. Ältere Edda. Thrymskvidha Strophe 17. Er bedurfte wenig Schlaf, hörte das Gras wachsen und sah bei Tag und Nacht hundert Rastern weit.

130) Die neun Wellenmädchen sind die Töchter des Meerbeherrschers Ögir.

131) Hringhorn, das große Schiff, auf dem Baldurs Leiche verbrannt wurde. Siehe Anmerkung 133.

132) Thors Wagen führten zwei Böcke, mit Namen Tanngnistr (Zahnknistrer) und Tanngrismir (Zahnknirscher). Wenn Thor daher fährt, steht die Erde in Flammen, Funken stieben, die Berge beben und krachen, die alte Erde fährt ächzend zusammen. Ältere Edda. Ögisdrecka Strophe 55, Thrymskvidha Strophe 23, Hymiskvidha Strophe 24.

133) Hyrrokin. Die in dieser Naturerscheinung symbolisierte Riesin läßt sich wohl auf den versengenden Sonnenbrand deuten, der nach der Sommersonnenwende einzutreten pflegt, der Name Hyrrokin, die Feuerberauchte, spricht für diese Deutung; das Schiff Hringhorn kann entweder die Sonne selbst sein, oder die Bahn des Lichts, das, indem der Sonnenlauf seinen Höhepunkt erreicht hat, eine Weile still zu halten scheint; durch den gewaltigen Stoß, den die Riesin gibt, lenkt es abwärts.

134) Die Berserker waren vom Riesengeschlecht. Sobald sie der ihnen eigentümliche Zustand befiel, gerieten sie in tierische Wut und Wildheit. Sie heulten wie wilde Tiere, sperrten den Rachen auf, reckten die Zunge heraus, knirschten mit den Zähnen und bissen in ihre Schilde. Sie wurden unnatürlich stark und meinten für Feuer und Eisen unverwundbar zu sein. In ihrer Wut verschonten sie nichts, was ihnen in den Weg kam. Nach überstandenem Anfall wurden sie um so schwächer und nahezu völlig kraftlos. Durch Anrufen ihres Namens wurde der Zustand sofort beseitigt. Es wurde auch angenommen, daß sie ihre Gestalten mit Tiergestalten vertauschten, deshalb nannte man sie Werwölfe.

135) Jüngere Edda. Dämisaga 49 sagt: „Da trat Hyrrokin an das Vorderteil des Schiffes und stieß es im ersten Anfassen vor, daß Feuer aus den Walzen fuhr und alle Lande zitterten.“

136) Schwertlicht. Als Odin den Meergott Ögir bewirtete, ließ er am Abend Schwerter in die Halle tragen; von denselben ging ein so glänzender Schein aus, daß man keiner andern Beleuchtung bedurfte. Jüngere Edda. Dämisaga 55.

137) Funafengr und Eldir hießen Ögirs Diener. Loki, der nicht hören mochte, daß die Diener von den Gästen gelobt wurden, welche die gute Bewirtung und die Geschicklichkeit der Diener rühmten, erschlug den Funafengr. Funafengr bedeutet Feuerfänger, Eldir, Zünder. Beider Namen scheinen sich auf das Goldlicht zu beziehen, bei dem Ögir seine Gäste bewirtete. Goldlicht leuchtete beim Mahl. Ögisdrecka. Ältere Edda pag. 52.

138) Odin bedurfte keiner Speise, er genoß nur Wein.

139) Das Gastmahl Ögirs fand zur Zeit der Leinernte statt.

140) Widar, ein Sohn Odins, trägt ein Schwert und einen dicken Schuh, dazu müssen die Lederstreifen gesammelt werden, welche die Menschen von ihren Schuhen schneiden, wo die Zehen und Fersen sitzen. Darum soll diese Streifen ein Jeder wegwerfen, der den Asen zu Hilfe kommen will; denn Widar kämpft, nachdem der Fenriswolf beim Weltkampfe Odin verschlungen hat, mit dem Fenriswolfe, setzt den Fuß mit dem dicken Schuh in des Untiers Unterkiefer, reißt mit der Hand den Oberkiefer desselben auf, und das wird des Wolfes Tod. Jüngere Edda. Dämisaga 51.

141) Auf Wigrids Feld, das nach allen Seiten hundert Rasten weit war, fand der Weltkampf statt. Ältere Edda. Vafthrudnismal Strophe 18.

142) Freyr hatte Hlidskialf, Odins Hochsitz, betreten. Siehe Anmerkung 89.

143) Gerda war Tochter des Frostriesen Gymir, ihr Bruder Beli, der Wintersturm. Freyr, der sonnenhelle Gott, warb um Gerdas, der bräutlichen Erde, Gunst. Daß Freyr sein Schwert und Roß weggab, ist schon Anmerkung 89 erzählt. Freyr mußte durch Feuer, die oft heiße Frühlingssonne, dringen, um sie aus dem Saal zu befreien, den die Riesen mit Feuer umgeben hatten, um sie zurück zu halten. Als Sonnengott löste Freyr den Frostpanzer Gerdas, befreite die Frühlingserde von ihren Hüllen. Den Bruder Gerdas, Beli, den Wintersturm, erschlug Freyr mit dem Hirschhorn, da er sein gutes Schwert weggegeben hatte. Das Hirschhorn führte Freyr bei sich, es gilt als Symbol des Sonnenhirsches.

144) Thors Hammerstiel war von den Zwergen nicht lang genug angefertigt worden, deshalb mußte er denselben mit Eisenhandschuhen, die er von dem Riesenweibe Gridh lieh, anfassen. Von ihr borgte er auch den Stärkegürtel Megingiardr, der seine Kraft weit über die Asenstärke erhöhte.

145) Ältere Edda. Himiskwidha sagt uns, daß, als Thor, von Tyr begleitet, den Braukessel aus Hymirs Halle holen wollte, eine Frau „Allgoldig, Weißbrauig“, ihm beistand den Kessel durch List zu erwerben; ohne den Rat der Frau würde Thor ihn nicht erlangt haben. Tyr vermochte den Kessel nicht zu erheben, aber Thor, Vater des Modi (Muth), hob die Kufe leicht auf das Haupt.

146) Loki trug Schuld an Baldurs Tode, hetzte die Götter gegen Odin auf, rief den Baumeister herbei, die Burg um Asgard aufzuführen, wodurch Thor zum Todschlag veranlaßt wurde u. a. m.

147) Wöluspa Strophe 40. Jüngere Edda 50. Loki ward mit den Därmen seiner Söhne gefesselt. Loki war der Sohn des Riesen Farbauti und dessen Frau Nâl, oder Laufey, wie sie auch genannt wird. Also war Loki zunächst selbst Riese und deshalb den Göttern feindlich. Durch Eingehen der Blutbruderschaft mit Odin wurde er den Göttern verwandt, doch kam seine böse Natur bald wieder zum Vorschein. Das Böse wuchs in seiner Seele mehr und mehr empor, überall wirkte er Unheil. Das Gute in ihm wurde durch die Macht des Bösen vernichtet. Aber das Böse darf nicht frei herrschen. In den Göttern sind die sittlichen Mächte personifiziert, sie überwinden das Böse und fesseln es durch seine eignen Bande, die hier symbolisiert erscheinen durch Fesselung Lokis vermittelst der Därme seiner Söhne.

148) Jüngere Edda. Dämisaga 50. Wenn das Gift das Maß gefüllt hat, gießt Sigyn dasselbe aus, während der Zeit tropft es wieder auf Lokis Antlitz, der Schmerz ist so außerordentlich groß, daß durch Lokis Sträuben dagegen die ganze Erde erschüttert wird, und das ist das Erdbeben, wobei auch das Meer austrat.

149) Unter den goldenen Scheiben sind die Tafeln zu verstehen, auf welche Odin die Gesetze für die Götter schrieb, schon Anmerkung 81 bemerkt.

150) Die drei Zauberinnen sind die Thursentöchter (Riesentöchter) Nott oder Nacht, Angurboda und Hela.

151) Rauschnik, Handbuch der klassischen und germanischen Mythologie 413. Die Jotunen (Riesen) mischten die Luft mit Gift und Blut.

152) Iduna reichte den Göttern die Äpfel der Verjüngung, wie schon früher erwähnt wurde. Sie versinnbildlicht die verjüngende Kraft des Lenzes, der Jugend. Bragi, der Gott des Gesanges und der Dichtkunst, war ihr Gemahl. Jugend, Gesang und Lenz erschienen in ihnen vermählt. Als Iduna beim Herannahen des Weltkampfes vom Wipfel der Esche Yggdrasil hinab sank – ein Vorzeichen baldigen Verfalles des Götterreiches – verstummte Bragis Gesang und Harfenspiel.

153) Ein langer Winter, der drei Jahre dauerte, brach ein, der Fimbulwinter genannt.

154) Ältere Edda. Wöluspa. Die drei Hähne sind angegeben Strophe 34. 35.

155) Das Totenschiff Naglfari wurde aus unbeschnittenen Nägeln der Verstorbenen erbaut, deshalb sollten die Menschen den Verstorbenen die Nägel abschneiden, damit die Fertigstellung des Schiffes verzögert würde. Da aber auch unter den Menschen die sittliche Verwilderung zugenommen hatte und sie die Pflichten gegen die Verstorbenen vernachlässigten, mußte der Untergang der Welt herbeigeführt werden. Das Schiff, das weltzerstörende Gewalten mit sich führte, wurde flott. Hrym, ein Reifriese steuerte dasselbe, er war den Göttern Feind.

156) Der Fenriswolf, Jörmungandr, Nidhöggr, alle diese Ungeheuer sind Vertreter weltvernichtender Gewalten, die aus

Lastern geboren und erwachsen sind. Nidhöggr trägt beim Weltkampf die Leichen unter den Flügeln fort.

157) Surtur, Beherrscher der Flammenwelt Muspelheim, führte ein feuriges Schwert, das heller leuchtete als die Sonne.

158) Die Därme von Lokis Söhnen, mit welchen Loki gefesselt war, hatten sich in eiserne Ketten verwandelt.

159) Da der Fenriswolf den Untergang überhaupt bedeutet, so ist sein Angriff gegen Odin den Weltenvater geordnet. Da das Meer beim Weltuntergange die ihm von den Göttern gewiesenen Schranken durchbricht und die Erde überflutet, so wird es beim Weltkampfe als Weltschlange (Jörmungandr), als verderbliches Ungetüm aufgefaßt, welches Thor zu bekämpfen berufen ist, weil es das größte Untier ist. Nidhöggr trägt Thors Leiche fort.

160) Heimdall, der Wächter der Götter.

161) Garm der Höllenhund lag vor der Gnipahöhle bis zum Weltkampf gefesselt, nun ward er frei. Jüngere Edda. Dämisaga 51. Rauschnik pag. 404.

162) Siehe Anmerkung 82. Ältere Edda, Wöluspa Strophe 63 sagt: „Einen Saal sah ich heller als die Sonne, mit Gold bedeckt, auf Gimils Höhe. Da werden werte Fürsten wohnen und ohne Ende der Ehren genießen.“ Dieser Saal ist für die guten Götter und guten Menschen. Den Aufenthalt für die Bösen beschreibt ältere Edda. Wöluspa 44: „Einen Saal sah ich, der Sonne fern, in Nastrand (Leichenstrand); die Türen sind nordwärts gekehrt. Eitertropfen fallen ein durch die Fenster. Aus Schlangenrücken ist der Saal gewunden. Im starrenden Strome sah ich waten Meuchelmörder und Meineidige.“ In Hwergelmir ist es am schlimmsten: da saugt Nidhöggr der Enseelten Leichen

---

## Namen der Paläste der Götter

(Ältere Edda, Grimnismal):

**Walaskialf,** Odins Palast. – **Bilskirnir,** Thors Palast, sein Reich heißt Thrudheim oder Thrudwangr. – **Söckckwabeck** oder **Söckquabeck,** Sagas Palast. - **Gladsheim**, ist das größte Gebäude der Welt, außen und innen von Gold, hier hielten die Götter Gericht. In Gladsheims Rund stand Walhalla. – **Breitablick**, Baldurs Palast. – **Himingbiörg**, Heimdalls Palast. – **Fensal**, Friggas Palast. – **Volkwang**, Freyrs Palast. – **Noatun**, Niördrs Palast. – **Landvidi**, Widars Palast. – **Alfheim**, Freyrs Palast. – **Glitnir**, Forsettis (Baldurs Sohn) Palast.